重 新 定 义 思 想 之 美

U0274731

婚姻
遇到法

钟云郗 / 著

清华大学出版社
北京

内 容 简 介

婚姻就像一场旅行，从恋爱到结婚，从二人世界到两个家庭的结合，其间不仅涉及情感纠纷，更涉及财产、抚养、赡养等多方面问题。当情感遭遇危机，我们该如何自救？当利益遭受冲击，我们该如何自卫？当伦理陷入困境，我们该怎样取舍？

当婚姻遇到现实困境，法律将为我们撑起坚实的保护伞。本书以时间为线索，分六个篇章展示了恋爱、结婚、离婚、家庭关系、抚养赡养、公序良俗方面的基本法律问题，全面深入、生动翔实。此外，本书以"热点案例＋漫画图解＋普法讲堂"体例编排，通俗易懂、轻松可读，力求让读者在常识性的法律学习中，学习婚恋与生活的知识！

图书在版编目（CIP）数据

婚姻遇到法/钟云郗著. —北京：清华大学出版社，2024.3
ISBN 978-7-302-65683-8

Ⅰ. ①婚⋯ Ⅱ. ①钟⋯ Ⅲ. ①婚姻法 – 中国 – 通俗读物 Ⅳ. ①D923.905

中国国家版本馆 CIP 数据核字(2024)第 050193 号

责任编辑：付潭娇
封面设计：李召霞
责任校对：王荣静
责任印制：宋　林

出版发行：清华大学出版社
　　　　网　　　址：https://www.tup.com.cn，https://www.wqxuetang.com
　　　　地　　　址：北京清华大学学研大厦 A 座　　邮　　编：100084
　　　　社 总 机：010-83470000　　　　邮　　购：010-62786544
　　　　投稿与读者服务：010-62776969，c-service@tup.tsinghua.edu.cn
　　　　质 量 反 馈：010-62772015，zhiliang@tup.tsinghua.edu.cn
印 装 者：涿州汇美亿浓印刷有限公司
经　　销：全国新华书店
开　　本：148mm×210mm　　印张：9.25　字　　数：204 千字
版　　次：2024 年 4 月第 1 版　　　印　　次：2024 年 4 月第 1 次印刷
定　　价：62.80 元

产品编号：103020-01

前　言

　　关于婚姻，我喜欢这样来形容：婚姻，是两个人相约乘坐一辆车共赴诗和远方。在这个旅途中，可能有新生命的加入，坐在了后排；可能有人在途中觉得累了，想停下欣赏沿路的风景；甚至有人可能提前下车，结束这段不太完美的旅程。

　　婚姻，作为人类社会最古老的制度之一，美好而复杂。它以爱的火花点燃，承载着家庭责任的担当和幸福生活的向往。它不仅涉及爱情、感情和亲情，更与责任、权益和法律息息相关。在婚姻之旅中，我们会遇到各种困惑和挑战，尤其是涉及法律问题时，我们常常感到束手无策。无论是财产纠纷、子女抚养权的争议，还是繁琐的离婚程序，婚姻与法律紧密交织，需要我们明智且理性地应对。

　　撰写本书的初衷源自我多年来作为一名婚姻家事律师的实践经验。执业期间，我目睹了许多恋人、夫妻、家庭因为法律问题而遭受痛苦和困扰。感同身受的我，决心以自己的专业知识为大众提供一本简明易懂的实用指南书，帮助读者在婚姻家庭中面对法律问题时可以更好地保护自己的权益，做出合适的选择。

　　本书共分为六个章节，涵盖了恋爱、结婚、离婚、家庭关系、抚养与赡养以及公序良俗原则这些常见而实用的主题。在恋爱篇中，我将解答一些人们普遍关注的问题，如恋爱时给对方的花销是否可以要回、分手时是否可以索要分手费等。结婚篇涉及结婚登记、彩礼与嫁妆、财产购置、房子加名等方面的问题，帮助您了解婚姻登记的程序和要求，以及在婚姻关系中的权利和义务。离婚篇探讨离婚程序、离婚理由、个人或夫妻共同财产的分割、债务分担等重要议题，为您提供法律上的指导和建议。家庭关系篇聚焦于夫妻关系中的常见问题和矛盾，探讨如何处理家庭纠纷和维护家庭和谐。抚养与赡养篇涵盖父母子女之间的责任与义务，回答关于抚养费、遗产继承等问题。公序良俗篇将讨论常见的与婚姻有关的公序良俗原则，如"扶弟魔"妻子偷偷为弟弟买房，丈夫能否要求弟弟还钱，以及夫妻一方赠与财物给婚外情人时，另一方能否追回财产等。每一篇，我都试图将复杂的法律概念转化为通俗易懂的语言，通过生动的案例、法律分析，配合漫画，让每一位读者都能轻松理解相关法律知识，解决疑惑，能够自信地面对婚姻家庭中的各种挑战。

无论您是单身，还是即将步入婚姻殿堂，抑或是已经结婚多年，我都希望本书能带给您价值和启示。让我们一同探索婚姻与法律的交汇点，利用法律的力量，保护自己的权益。除了法律知识的分享，我也希望能够引发您对婚姻的深思与体悟。婚姻不仅是一份法律合同，更是两个人之间的情感与承诺，是两个家庭的结合，是三代人的生活。我诚挚地欢迎您阅读本书，并分享其中的智慧和见解。

感谢家人、老师、朋友和同事们对我写作的支持和鼓励。

感谢瞪羚图书和清华大学出版社为本书的结构提供了宝贵的建议，确保了内容的可读性，使得本书能够顺利问世。

感谢每一位读者的关注和信任，让我有源源不断的创作动力，将婚姻家庭的法律知识分享给更多人。愿《婚姻遇到法》成为您婚姻家庭生活中的得力助手，在您美好的婚姻之旅中，在您和爱人共赴诗和远方的生命里，每一寸空间，每一处流连，都是岁月美好的痕迹。

因自身学识水平有限，书中难免有疏漏之处，欢迎读者批评指正。

钟云郁

目　录

第三部分　离　婚　篇

第四部分　家庭关系篇

第六部分 公序良俗原则篇

第一部分

恋 爱 篇

　　追求爱情的道路往往充满荆棘与坎坷。在恋人关系良好时，我们往往无私付出、不求回报。然而，一旦感情出了问题，甚至走向分手时，金钱和情感问题很容易引发纠纷。爱情不仅需要激情与浪漫，也需要约束与责任，在感受爱情甜蜜的同时，我们也不能忽视潜藏的法律风险。

　　在本篇，就让我们跟随钟律师，掌握一些基础的法律问题，在追求爱情的同时，学会用法律保护自己！

1 恋爱时给对方的花销，
分手后能要回来吗？

小东与小菲因工作认识，随后小东对小菲展开热烈追求。

在追求和恋爱的过程中，为讨小菲欢心，除赠送小菲礼品、小礼物外，小东还通过微信、支付宝多次小额度地向小菲转钱。恋爱期间，小东向小菲转账约 26 万元。

然而小东给小菲转账的钱款，实际上绝大部分来源于网络贷款。短短一年时间，小东逐渐欠下巨额贷款，无力偿还。

一年后，小东与小菲感情生变，双方因发生矛盾最终导致分手。分手后，小东回想起自己的恋爱经历，感到自己不仅被欺骗感情，还因这段感情使自己陷入了网络贷款的旋涡。随后，小东找到小菲，要求其返还其恋爱期间赠与的相关钱款，并将恋爱期间赠送的礼品等折算成价，一并要求小菲返还，没想到却遭到了小菲的拒绝。

气愤之下，小东扭头将小菲告上了法院。

《民法典》第六百五十八条

赠与人在赠与财产的权利转移之前可以撤销赠与。

经过公证的赠与合同或者依法不得撤销的具有救灾、扶贫、助残等公益、道德义务性质的赠与合同，不适用前款规定。

《民法典》第六百六十三条

受赠人有下列情形之一的，赠与人可以撤销赠与：

（一）严重侵害赠与人或者赠与人近亲属的合法权益；

（二）对赠与人有扶养义务而不履行；

（三）不履行赠与合同约定的义务。

赠与人的撤销权，自知道或者应当知道撤销事由之日起一年内行使。

注：《中华人民共和国民法典》，在本书中简称为《民法典》；《最高人民法院关于适用〈中华人民共和国民法典〉婚姻家庭编的解释（一）》，在本书中简称为《婚姻家庭编司法解释（一）》。此外，《中华人民共和国刑法》等相关法律法规名称，在本书中均用简称，全书统一。

　　根据《民法典》规定，赠与人在赠与财产的权利转移之前可以撤销赠与。

　　小东恋爱期间主动赠送小菲的礼品、小礼物、小红包等行为属于一般赠与。小东将物品直接交由小菲，赠与成立，权利已经转移，因此小东不能撤销赠与，无法要回已经送出的这些礼物。如小东要撤销赠与，必须在礼物未送达小菲之前要回。

　　在诉讼过程中，小东一面指责小菲欺骗自己感情，一面展示出微信及支付宝上给小菲转过去的"1314""520"等多笔转账记录，要求小菲还款。

　　小菲则以小东转账备注上的"拿去买糖吃""给亲亲老婆"等赠与性词汇为由，坚持认为，与小东确定恋爱关系是双方自愿行为，自己并不存在欺骗对方感情的情况；且小东在恋爱期间，向自己赠送礼品、小礼物以及向自己多次、小额度的转账行为纯属小东的自愿行为，这些钱都属于小东主动赠与，而非小菲对小东的"欠款"，因此小菲不存在需要返还欠款的情况。

　　法院审理后认为，一方面，小菲并无欺骗小东感情的行为；另一方面，根据《民法典》的规定，恋爱关系的终止并不属于法定可以撤销赠与的情形，因此恋爱期间小东对小菲的经济支出或者金钱给付，如果无特殊约定或表示（例如明确为借款），更容易被认定为赠与。

　　最终，法院判定，不予支持小东要求小菲返还恋爱期间的礼物及钱款的主张。

普法小知识

　　恋爱时给对方的花销，分手后能要回来吗？我们需认识到以下两点：

　　（1）在恋爱期间，双方相互主动给付的礼品、小礼物、小红包等行为属于一般赠与，不能要回，如要撤销赠与，必须在礼物未送达给对方前要回。

　　（2）如果未涉及谈婚论嫁，恋爱关系的终止并不属于法定可以撤销赠与的情形。

　　一段恋爱关系，如果双方能够成功步入婚姻殿堂，当然不会产生这类经济纠纷。然而，现实中恋爱双方不欢而散的情形不胜枚举，恋爱不成，索要"赔偿"的也大有人在。牢记以上两点，可以帮助你更加明智地处理好恋爱关系中的经济纠纷，避免产生情感与经济的双重损失，捍卫好自身的利益。

2 分手时索要分手费合法吗?

程丽与徐刚双方都有家室子女。5 年前两人相识后,在没有和自己配偶离婚的情况下,两人抛弃自己的家庭,在一起同居生活。

2022 年年底,两人分手,分手时程丽提出让徐刚补偿她 5 万元"分手费",徐刚同意支付这笔费用。在向程丽支付了 3 万元后,徐刚的行为被配偶发现并阻止,于是徐刚向程丽写下一张 2 万元欠条。后来程丽一直要不到这 2 万元"欠款",遂将徐刚起诉到法院。

案件审理过程中,徐刚辩称,双方原是情人关系,没有借贷事实及借贷往来,借条是受程丽胁迫所写。在证据面前,程丽承认借条上的 2 万元是"分手费",并坚持认为"分手

费"是自身合理诉求，既然徐刚已经写下欠条，那么这笔欠款徐刚必须付清。

> **《民法典》第五条**
>
> 民事主体从事民事活动，应当遵循自愿原则，按照自己的意思设立、变更、终止民事法律关系。
>
> **《民法典》第八条**
>
> 民事主体从事民事活动，不得违反法律，不得违背公序良俗。
>
> **《民法典》第一百五十三条**
>
> 违反法律、行政法规的强制性规定的民事法律行为无效。但是，该强制性规定不导致该民事法律行为无效的除外。
>
> 违背公序良俗的民事法律行为无效。

目前，《民法典》法条中并没有关于"分手费"的规定，但是出于对民事主体的尊重，民事主体有权利自愿选择如何处置自己的财产，即对于分手费的给付行为，如果实际上是一方对另一方的赠与行为，且这种赠与并不存在威胁与被威胁的情况，完全是出于自愿，法律并不阻止；但是给付过程中若存在威胁、胁迫，则属于《刑法》调整的范畴，有可能构成敲诈勒索罪。

同时，"分手费"应是在双方均未婚的情况下。如果一方或者双方处于婚姻存续期间，分手费不仅违反了家庭道德，也侵害了配偶的财产利益。

　　本案审理法院认为，程丽向徐刚索要的"欠款"，实际上是由"分手费"转化而来，徐刚同意支付，是出于自愿的赠与行为，程丽并未对徐刚造成敲诈勒索。但程丽与徐刚双方系情人关系，徐刚在有配偶的情况下向程丽支付分手费，违反公序良俗，也侵害夫妻共同财产，因此判定双方之间的"借贷合同"无效。

普法小知识

　　分手后，索要"分手费"这种现象是否合法，我们要分情况讨论：

　　（1）如果给付分手费的一方完全是自愿的，是给付人真实的意思表示，并非出于对方的压力、胁迫，或者对另一方的愧疚等情感因素作出的违背内心真实意思的行为，这种分手费会被视为给付人的自愿赠与，适用《民法典》中的赠与制度，该分手费有效。

　　（2）新时代我国对于男女间的感情推崇的是男女之间互相尊重、相互帮助、地位平等，这一观念也成为了《民法典》中公序良俗原则的一部分。情感无法量化，所以分手协议、借款欠条中索要"分手费"的部分违反了社会的公序良俗，应为无效条款。

　　现如今，婚恋自由观念深入人心，男女间的感情没了，分手在所难免。既然留不住人，那能不能留点钱呢？抱有这种想法，本身在公序良俗上就是难以被支持的，但情侣间如果需要利用这类自愿赠与的方式来"体面分手"，法律也并不禁止，并认可这类赠与的有效性。

3　非夫妻关系同居违法吗?

李峰通过工作认识张燕,经过一番追求,两人成为情侣并快速同居,然而有一天,李峰突然收到一张法院传单:自己被人指控犯了重婚罪!

原来,一年前,张燕与其丈夫刘华通过相亲认识,双方迅速登记结婚,然而经过短短几个月的婚后相处,张燕发现自己与刘华性格十分不合,婚姻生活难以忍受,遂向刘华提出离婚。但是刘华却以双方感情并未破裂为由,并不同意离婚。为了快速摆脱婚姻,张燕决定造成事实上的"感情破裂",于是借着异地工作机会,迅速与自己当时的追求者李峰展开交往并同居,以此迫使刘华屈服。

然而令她没有想到的是,刘华转身以"重婚罪"将自己与李峰告上了法院。

《民法典》第一千零四十一条

婚姻家庭受国家保护。实行婚姻自由、一夫一妻、男女平等的婚姻制度。

《民法典》第一千零四十二条

禁止包办、买卖婚姻和其他干涉婚姻自由的行为。禁止借婚姻索取财物。

禁止重婚。禁止有配偶者与他人同居。

禁止家庭暴力。禁止家庭成员间的虐待和遗弃。

《刑法》第二百五十八条

有配偶而重婚的，或者明知他人有配偶而与之结婚的，处二年以下有期徒刑或者拘役。

张燕与李峰以非夫妻关系的身份同居，双方在交往期间，张燕并未解除与其丈夫刘华的婚姻关系，作为已婚者，张燕已经明显触犯《民法典》第一千零四十二条："禁止有配偶者与他人同居。"

在我国的司法实践中，有配偶的人与他人以夫妻名义同居生活的，或者明知他人有配偶而与之以夫妻名义同居生活的，会按重婚罪来定罪处理。如果其中一人不知道对方已婚，则不知情的当事人不需要承担任何刑事责任；反之，明知对方已婚还以夫妻名义同居生活的，构成重婚罪的共犯。

鉴于李峰对张燕的已婚身份并不知情，法院最终判决认定李峰不构成重婚罪共犯，但张燕构成重婚罪。事情结束后，李峰心有余悸，后悔没有在同居前更加深入地了解张燕的个人背景，差点让自己无辜"躺枪"。

普法小知识

对于非夫妻关系同居，我们一定要认识到以下几点：

（1）虽然非婚同居已是一种普遍存在的社会现象，但选择合法有效的婚姻方式，才能充分地保护双方和子女的权益。

（2）如果一定要选择非婚同居的生活方式，那么双方在同居之前，一定要弄清楚对方是否单身，即在法律上并无配偶，以免自身利益遭受损失，甚至将自己陷入被起诉"重婚罪"的境地。

我们要知道，非夫妻关系同居，只有在双方当事人在法律上并无配偶，并且同居行为是双方合意的情况下，才不违法。有配偶者与他人非婚同居是一种违背社会伦理道德和善良风俗的行为，是对于我国一夫一妻制的破坏，是受到我国法律禁止的行为。

4 恋爱期间双方买房，分手后，房子怎么分？

王常和梁芳恋爱同居长达 9 年，生育了一女和一子，两人长期生活在一起却一直未登记结婚。

3 年前，双方以梁芳的名义购买了一套房产，首付 15 万元，贷款金额 40 万元，期限 20 年，不动产登记信息载明：房屋为梁芳单独所有。

2022 年 5 月，双方因感情破裂选择分手，在分割财产过程中，对这套房产的分割产生分歧。

梁芳表示房产登记在其个人名下，且首付款及月供均通过其个人账户支付，据此认定该房产属于她的个人财产，拒不分割。

随后，王常起诉至法院，要求法院分割房产。

《民法典》第一千零六十二条

夫妻在婚姻关系存续期间所得的下列财产，为夫妻的共同财产，归夫妻共同所有：

（一）工资、奖金、劳务报酬；

（二）生产、经营、投资的收益；

（三）知识产权的收益；

（四）继承或者受赠的财产，但是本法第一千零六十三条第三项规定的除外；

（五）其他应当归共同所有的财产。

夫妻对共同财产，有平等的处理权。

《民法典》第三百零八条

共有人对共有的不动产或者动产没有约定为按份共有或者共同共有，或者约定不明确的，除共有人具有家庭关系等外，视为按份共有。

《民法典》第三百零九条

按份共有人对共有的不动产或动产享有的份额，没有约定或者约定不明确的，按照出资额确定；不能确定出资额的，视为等额享有。

本案中，王常和梁芳虽未登记结婚，但以夫妻名义、夫妻之实长期生活在一起，履行各自权利和义务，共同生产生活、共同抚育子女长达 9 年之久，应认定双方系同居关系，且房产购买于二人同居期间。

因此，法院判定此房产为双方共同财产。另外，该房产价值较大，梁芳若无法提供其收入状况具有独立支付首付款及按揭款能力的相关证据，则无法证明该套房产归其单独所有。

在法院的要求下，梁芳始终无法证明自己具有独立支付首付款及按揭款能力。

同时，法院认为，王常与梁芳虽非家庭关系，却以夫妻名义长期共同生活，双方对同居过程中形成的财产均以不同方式作出贡献，无法区分贡献之大小，因此无法认定双方出资额之多少。法院最终判定：此房产应视为王常与梁芳等额享有，各有50%份额。

普法小知识

恋爱期间，情侣共同买房要慎重。为避免发生纠纷，我们可以记住以下几点：

（1）双方决定共同购房时，应该对购房目的、出资情况、产权归属等情形提前作出约定，最好通过书面协议的形式予以固定。特别是在购置房屋带有彩礼、嫁妆性质，或房屋限购政策下仅一方享有购房资质等情况时，可以通过事先签订书面协议约定各自所占份额的方式明确双方对房屋享有的权利等。

（2）支付购房款过程中尽量避免大额现金交易，而是选择银行转账、POS机刷卡等有交易记录的方式进行购房款支付，并备注好"购房款"，以作分割时的出资证明。

要知道，热恋期间买房固然是一件好事，但是在做决定时也一定要三思。为了避免昔日的恋人兵戎相见，情侣之间对共同购置的大额财产尤其是房产提前做好安排，对分手时财产的处置约定切实可行的方案，才能避免在分手时难以保障自身合法权益的事情发生。

5

未经同居男友同意生子，分手后，男方要承担抚养责任吗？

阿珍与阿强在 2018 年相识并恋爱同居，相处几个月后，阿珍告知阿强自己怀孕了，但此时她与阿强感情早已生变，两人接近分手。阿珍的"突然"告知，让阿强不知所措，为防止阿珍"捆绑"上自己，阿强强烈反对阿珍生下孩子。

然而，在医院检查时，阿珍却被告知自己体质特殊，如果不要这个孩子，她的身体将难以再孕。为了不失去仅有一次做母亲的机会，阿珍执意生下了两人的孩子明明。

其间双方仍保持着同居关系，孩子出生 3 个月后，两人还是因感情不和决定分手，此时，关于明明的抚养权以及如何抚养明明的问题成了两人的难题。

《民法典》第一千零七十一条

非婚生子女享有与婚生子女同等的权利，任何组织或者个人不得加以危害和歧视。

不直接抚养非婚生子女的生父或者生母，应当负担未成年子女或者不能独立生活的成年子女的抚养费。

《民法典》第一千零七十三条

对亲子关系有异议且有正当理由的，父或者母可以向人民法院提起诉讼，请求确认或者否认亲子关系。

对亲子关系有异议且有正当理由的，成年子女可以向人民法院提起诉讼，请求确认亲子关系。

《民法典》第一千零八十四条

父母与子女间的关系，不因父母离婚而消除。离婚后，子女无论由父或者母直接抚养，仍是父母双方的子女。

> 离婚后，父母对于子女仍有抚养、教育、保护的权利和义务。
>
> 离婚后，不满两周岁的子女，以由母亲直接抚养为原则。已满两周岁的子女，父母双方对抚养问题协议不成的，由人民法院根据双方的具体情况，按照最有利于未成年子女的原则判决。子女已满八周岁的，应当尊重其真实意愿。

为了解决明明的抚养问题，阿珍与阿强一起向钟律师寻求法律帮助。

两人通过法律咨询得知，双方可以共同协商解决孩子的抚养权问题。如果协商一致，可以签订书面协议，就小孩抚养权、抚养费的给付以及探视等问题进行约定。如果双方无法达成协议，可以通过向法院提起诉讼来解决这个问题。

阿珍和阿强首先就明明的抚养权问题展开了协商，由于阿珍是在阿强不同意的情况下生下了明明，因此，阿强并未与阿珍争抢明明的抚养权。同时，根据《民法典》的规定，不满2周岁的子女，以由母亲直接抚养为原则。因此双方就明明的抚养权达成一致：明明的抚养权归阿珍。

而关于明明的抚养费问题，阿珍提出，阿强需每个月出一笔抚养费，以供明明长大成人，但没想到遭到了阿强的反对。双方僵持不下，阿珍于是将阿强告上了法院，要求阿强承担抚养责任。

根据《民法典》的规定，不直接抚养非婚生子女的生父或者生母，应当负担未成年子女的抚养费。最后，阿珍胜诉。根据阿强的实际经济情况,法院判定阿强需要每个月支付 3000 元的抚养费,直至明明年满 18 周岁。

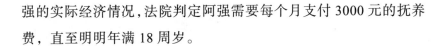

普法小知识

　　同居期间,一方未经另一方同意生子,不同意生子的一方是否该参与抚养孩子,孩子的抚养权该如何判?如果你正经历这些难题,那么你可以参考以下要点:

　　(1)男女双方同居期间,女方怀孕,男方不能强迫女方堕胎,否则就是侵犯女方人身权。

　　(2)男方在不想要子女的情况下,不采取相应措施而默认行使了自身生育权,因此也必须承担一定的法律责任,女方虽然执意生育,但依然不能免除男方的抚养义务。

　　在我国,父母对未成年子女具有抚养教育的义务,这一义务并不能因为父母的过错而免除,此举也是为了最大限度地保护未成年子女的利益。

6　女友未婚生子，男方可以不付抚养费吗?

2017 年，刘平和李莉经人介绍相识，然后便开始了同居生活，但同居期间一直未办理结婚登记手续。

两年后，两人生了一个孩子萌萌。后感情生变，两人和平分手，同居关系因此解除，随后萌萌跟随李莉一起生活至今。

几年后，在一个人抚养孩子压力太大的情况下，李莉找到刘平，与其商议要求两人共同抚养萌萌，但遭到刘平反对。

支付抚养费问题

无奈之下，2022 年 2 月，李莉以孩子的名义将刘平告上法院，要求他支付每月 1800 元的抚养费，直到孩子 18 周岁为止。

《民法典》第一千零六十七条

父母不履行抚养义务的，未成年子女或者不能独立生活的成年子女，有要求父母给付抚养费的权利。

成年子女不履行赡养义务的，缺乏劳动能力或者生活困难的父母，有要求成年子女给付赡养费的权利。

《民法典》第一千零七十一条

非婚生子女享有与婚生子女同等的权利，任何组织或者个人不得加以危害和歧视。

不直接抚养非婚生子女的生父或者生母，应当负担未成年子女或者不能独立生活的成年子女的抚养费。

《婚姻家庭编司法解释（一）》第四十二条

《民法典》第一千零六十七条所称"抚养费"，包括子女生活费、教育费、医疗费等费用。

《婚姻家庭编司法解释（一）》第四十九条

抚养费的数额，可以根据子女的实际需要、父母双方的负担能力和当地的实际生活水平确定。

有固定收入的，抚养费一般可以按其月总收入的百分之二十至三十的比例给付。负担两个以上子女抚养费的，比例可以适当提高，但一般不得超过月总收入的百分之五十。

无固定收入的，抚养费的数额可以依据当年总收入或者同行业平均收入，参照上述比例确定。

有特殊情况的，可以适当提高或者降低上述比例。

《婚姻家庭编司法解释（一）》第五十条

抚养费应当定期给付，有条件的可以一次性给付。

根据《民法典》的规定，父母不履行抚养义务的，未成年子女或者不能独立生活的成年子女，有要求父母给付抚养费的权利。李莉以孩子的名义诉请法院，符合法律规定。

在证据之下，刘平承认萌萌是自己的亲生女儿，但他表示自己月收入仅 7000 多元，在城市交完房租后仅能勉强维持生活，因此不同意支付抚养费。

法院审理认为，不直接抚养非婚生子女的生父或者生母，应当负担未成年子女或者不能独立生活的成年子女的抚养费。

考虑到子女的实际需要、父母双方的负担能力和当地的实际生活水平，法院最终认定李莉主张的抚养费在合理范围，支持了李莉的诉请。

普法小知识

关于同居未婚生子，男方是否需要支付非婚生子女抚养费的问题，男女双方都应该认识到：

（1）无论是男方还是女方，只要是不直接抚养非婚生子女的生父或者生母，就应当负担未成年子女或者不能独立生活的成年子女的抚养费。

（2）如果遇到未婚同居导致生子，而男方拒付抚养费的情况，女方可以以孩子的名义起诉至法院，要求男方承担相应抚养义务。可以起诉要求男方一次性支付孩子抚养费或者按月、按年支付，至孩子年满 18 周岁为止。

（3）抚养费的数额，可以根据子女的实际需要、父母双方的负担能力和当地的实际生活水平确定。拒不履行支付抚养费的判决、裁定的，人民法院可以采取强制执行的措施，比如从工资中扣留其应当支付的抚养费等。

7

没办结婚登记却同居多年，属于"事实婚姻"吗?

"我们要离婚，请求给予判决。"一对"夫妇"张女士和王先生来到当地司法所，开口就要求司法所为其解决离婚纠纷。

然而，司法所经询问了解到，张女士和王先生二人之间并没有婚姻关系，而是非婚同居关系。

原来，张女士与王先生于 2000 年开始同居生活，一直未办理结婚登记，并于 2006 年生育一女。后张女士与王先生经常发生争吵并于 2019 年分居，女儿跟随母亲张女士共同生活。

"你们两人之间没有婚姻关系，是非婚同居关系。因此你们并不是夫妻，可以自行解除同居关系，不存在离婚，只可以就同居期间产生的财产和子女抚养纠纷申请调解或者向人民法院通过诉讼解决。"司法所工作人员向张女士与王先生这样解释道。

《民法典》第一千零四十九条

要求结婚的男女双方应当亲自到婚姻登记机关申请结婚登记。符合本法规定的，予以登记，发给《结婚证》。完成结婚登记，即确立婚姻关系。未办理结婚登记的，应当补办登记。

《婚姻家庭编司法解释（一）》第三条

当事人提起诉讼仅请求解除同居关系的，人民法院不予受理；已经受理的，裁定驳回起诉。

当事人因同居期间财产分割或者子女抚养纠纷提起诉讼的，人民法院应当受理。

《婚姻家庭编司法解释（一）》第七条

未依据《民法典》第一千零四十九条规定办理结婚登记而以夫妻名义共同生活的男女，提起诉讼要求离婚的，应当区别对待：

（一）1994年2月1日民政部《婚姻登记管理条例》公布实施以前，男女双方已经符合结婚实质要件的，按事实婚姻处理。

（二）1994年2月1日民政部《婚姻登记管理条例》公布实施以后，男女双方符合结婚实质要件的，人民法院应当告知其补办结婚登记。未补办结婚登记的，依据本解释第三条规定处理。

根据法律规定，在1994年2月1日前以夫妻名义同居且符合结婚条件的，构成事实婚姻关系，而之后都是非婚同居关系。

在我国，事实婚姻构成法律上的婚姻关系，一方要求离婚可以向人民法院提起离婚诉讼。而如果只是非婚同居关系，则不受法律保护，任何一方随时可以解除，人民法院只受理因同居关系产生的财产和子女抚养纠纷。

本案中张女士与王先生之间不构成事实婚姻关系，只是同居关系，不受法律保护，双方如果就解除这段"婚姻"提起诉讼请求，人民法院是不予受理的。

听司法所工作人员解释后，张女士表示，自己愿与王先生解除同居关系，今后再无瓜葛。但因张女士自身患病且无稳定收入来源，随后，张女士还是向法院提起诉讼，提出王先生需要尽到抚养女儿的义务，每月须资助其一定生活费用。

普法小知识

2021 年生效的《民法典》不承认事实婚姻。如果你正与人同居多年却未办理结婚登记手续，为保障自身权益，你可以考虑以下选择：

（1）如果想继续选择非婚同居的生活方式，那么双方要尽量考虑到非法同居的相关问题，约定好各自的权利义务，以保障自己在同居期间的利益；

（2）如果想获得法律承认及保护的"婚姻"关系，可以补办结婚登记。我国自 2001 年 12 月 27 日起，未办理结婚登记即以夫妻名义同居生活者经补办登记，其事实婚姻关系可溯及既往地合法化，得到承认与保护。

当下，随着社会风气的开放、大众伦理观念的转变，同居作为婚姻关系之外的一种两性关系已经屡见不鲜，从而因同居关系而产生的人身、财产、子女纠纷也越来越多，若想获得法律承认及保护，还是要尽量选择合法有效的婚姻方式。

第二部分

结　婚　篇

　　一段恋情，从热恋到步入婚姻殿堂，当然少不了海誓山盟、鲜花戒指，但婚姻不仅仅是甜蜜和浪漫，也涉及人身和财产关系，因此，储备好相应法律知识对我们来说也必不可缺。追求幸福并无不妥，但婚姻牵涉未来，提前掌握好相应的法律知识，能更好地规避风险、应对各种难题。

　　进入婚姻需谨慎，学好法律为前提。只有经受世俗和法律的双重考验，我们才能知道谁是对的人，并最终收获属于自己的真正幸福。

8 结婚前，一定要查的 "底细" 有哪些？

小岚与小江经人介绍相识后，很快确定了恋爱关系，订婚后双方开始同居。

数月后，小岚怀孕，双方登记结婚。谁知刚登记不久，小江某天却突然向小岚坦白，称其已身患艾滋病数年且长期服药。虽然小江坚持表示其所患的艾滋病已不在传染期内，传染小岚及其腹内宝宝的可能性也极小，小岚还是马上去医院做了相关检查。

虽然检查证明小岚确实并未被小江传染上艾滋病，但丈夫的病依然让小岚无法接受。

几经思考挣扎，小岚最后还是决定终止妊娠，并向法院起诉要求撤销婚姻。

《民法典》第一千零四十三条

家庭应当树立优良家风，弘扬家庭美德，重视家庭文明建设。

夫妻应当互相忠实，互相尊重，互相关爱；家庭成员应当敬老爱幼，互相帮助，维护平等、和睦、文明的婚姻家庭关系。

《民法典》第一千零五十三条

一方患有重大疾病的，应当在结婚登记前如实告知另一方；不如实告知的，另一方可以向人民法院请求撤销婚姻。

请求撤销婚姻的，应当自知道或者应当知道撤销事由之日起一年内提出。

《民法典》第一千零五十四条

无效的或者被撤销的婚姻自始没有法律约束力，当事人不具有夫妻的权利和义务。同居期间所得的财产，由当事人协议处理；协议不成的，由人民法院根据照顾无过错方的原则判决。对重婚导致的无效婚姻的财产处理，不得侵害合法婚姻当事人的财产权益。当事人所生的子女，适用本法关于父母子女的规定。

婚姻无效或者被撤销的，无过错方有权请求损害赔偿。

为推动树立优良家风，弘扬家庭美德，促进家庭文明建设，《民法典》提倡夫妻应当互相忠实，互相尊重，互相关爱。

小江婚前隐瞒了自己患有艾滋病的事实，婚后才向小岚坦白，没有尽到夫妻间应相互忠实的义务。根据《民法典》规定，一方患有重大疾病，不如实告知另一方的，另一方可以向人民法院请求撤销婚姻。

因此，小岚可以在知道真相起一年内向法院起诉要求撤销婚姻。同时，作为无过错方，小岚还可以请求损害赔偿。

由于与小江的感情基础良好，小岚最终选择只向法院起诉撤销婚姻，不向小江要求损害赔偿。在法院的审理下，小岚与小江的婚姻被撤销。根据《民法典》规定，两人的婚姻自始没有法律约束力，双方都不具有夫妻的权利和义务。

经过这次遗憾的"婚姻"经历，小岚明白了一个重要的道理：结婚前，一定要查清对方的"底细"。如果在小岚事先就做好充分的调查，做好婚前体检，了解小江的身体情况，或许她早已做出明智的决策，那么这场"婚姻"官司也早已被避免了。

普法小知识

如果你准备跟一个人结婚，在结婚前，你一定要查清对方的"底细"，具体包括以下几点。

（1）查询对方社会信息：利用相关官方网站平台。

国家政务平台：了解对方是否结过婚，有没有离婚、二婚等信息，能够避免被对方骗婚。

中国裁判文书网：摸清对方是否被判过刑，是否坐过牢，是否打过离婚官司等。

人民银行征信报告：查清对方名下的银行贷款、信用卡额度、信用卡是否逾期以及对方的负债总额等情况。

网信大数据信用报告：查清对方是否有网贷记录、是否存在欠款及逾期的情况，是否被列入大数据黑名单。

中国执行信息公开网：查询对方是否是被执行人，是否是失信被执行人，是否被限制高消费等。

国家信用信息公示：能查到对方名下是否有公司、公司的经营情况，以及公司是否存在经营异常等情况。

学信网：查到学历信息，是否为真实学历，是否存在隐瞒欺骗。

（2）婚前体检：在领证之前，建议和对方一起去做婚检，这可以帮助你了解对方的身体情况，查清对方是否有隐瞒重大遗传性疾病的情况，以保障你的婚姻利益。

婚姻是人生大事，选择结婚对象要慎重。对于夫妻双方来说，彼此信任、生活幸福当然是最终目的。但是，提前摸清对方底细，利用一些小小的"手段"来规避风险，也是必不可少的。

9 结婚登记，
一定要本人到场吗？

　　莎莎与小凯相识相恋一年有余，在已经谈婚论嫁的时候，因彩礼问题，莎莎突然变卦并提出分手。不甘心的小凯经人指点请人冒充莎莎一起到民政部门办理了结婚登记手续。

　　莎莎发现后，前往民政部门，要求撤销结婚登记，然而却遭到了民政部门的拒绝。在这种情况下，莎莎只好一纸诉状将民政部门告上了法庭。

> **《民法典》第一千零四十六条**
>
> 结婚应当男女双方完全自愿，禁止任何一方对另一方加以强迫，禁止任何组织或者个人加以干涉。
>
> **《民法典》第一千零四十九条**
>
> 要求结婚的男女双方应当亲自到婚姻登记机关申请结婚登记。符合本法规定的，予以登记，发给《结婚证》。完成结婚登记，即确立婚姻关系。未办理结婚登记的，应当补办登记。

根据《民法典》规定，结婚应该男女双方完全自愿。本案中，莎莎"被结婚"时根本就没有到场，小凯指使他人用伪造的身份证冒充莎莎去办理结婚登记手续，从形式上违反双方均应到场的要求，实质上违背了莎莎的真实意思，因此莎莎要求撤销结婚登记的诉求是合理的。

而根据法律规定，民政部门没有权利撤销已经颁发给当事人的结婚证，因此，只能由法院经过法定程序审理后才能予以撤销结婚登记，而不是由民政部门直接撤销。

尽管《结婚证》非莎莎本人亲自认领，但民政局已经发放《结婚证》，莎莎向民政部门要求撤销结婚登记遭到拒绝是必然结果。向民政局诉求无果后，莎莎一纸诉状将民政局告上法庭，这才误打误撞地走上了正确的维权之路。

在充分的证据下，法院审理判决：撤销民政部门对莎莎和小凯的结婚登记。

普法小知识

结婚是人生大事，然而现实中，有很多人因为是第一次结婚，对婚姻相关的法律知识不甚了解，甚至在结婚登记这一步就有了很多困惑，例如不清楚登记结婚是否一定要本人亲自到场这种问题。

要知道，结婚登记属于一种行政确认行为，即对申请结婚的男女是否符合结婚实质要件进行确认。为了对当事人是否符合结婚的实质要件（如是否自愿结婚等）进行审查，法律规定了当事人必须亲自到场的原则。

因此，当事人双方进行结婚登记，必须双方亲自到场，向婚姻登记机关提出结婚登记的申请，不能采取委托他人代理的方式，也不能用书面意见代替本人亲自到场。

10 使用假身份证 登记结婚，婚姻有效吗？

2021 年 7 月，李燕（女，生于 2003 年 2 月 17 日）与许峰（男，生于 1995 年 9 月 3 日）打工相识并同居生活，12 月李燕怀孕。

因李燕未到法定婚龄，为了领取结婚证，于是通过非法途径获得了假户口本和身份证，将出生日期改为 1991 年 2 月 17 日。2022 年 3 月，李燕持假户口本和身份证与许峰在民政局骗取了《结婚证》。

婚后，李燕与许峰感情逐渐失和，无法共同生活下去，2023 年 4 月，李燕诉至法院，坦诚了自己用假身份证登记结婚的事实，要求法院判定自己与许峰的婚姻无效，撤销双方的婚姻关系。

《民法典》第一千零四十七条

结婚年龄，男不得早于二十二周岁，女不得早于二十周岁。

《民法典》第一千零五十一条

有下列情形之一的，婚姻无效：

（一）重婚；

（二）有禁止结婚的亲属关系；

（三）未到法定婚龄。

《婚姻家庭编司法解释（一）》第十条

当事人依据《民法典》第一千零五十一条规定向人民法院请求确认婚姻无效，法定的无效婚姻情形在提起诉讼时已经消失的，人民法院不予支持。

根据《民法典》的规定，未到法定婚龄而缔结的婚姻为无效婚姻。而《民法典》中规定女性结婚年龄不得早于 20 周岁。李燕出生于 2003 年 2 月 17 日，其 2022 年 3 月与许峰用假身份证领取《结婚证》时并未达到法定结婚年龄。因此双方当时缔结的婚姻应为无效婚姻。

然而，虽然李燕在领取结婚证时还未达到法定婚龄，但她提出离婚时已达到法定年龄，无效婚姻的情形已消失，所以，应当适用《婚姻家庭编司法解释（一）》第十条"当事人依据民法典第一千零五十一条规定向人民法院请求确认婚姻无效，法定的无效婚姻情形在提起诉讼时已经消失的，人民法院不予支持"之规定，法院认定李燕与许峰的婚姻有效。

因此，李燕提出的婚姻无效主张遭到了法院的驳回。

在了解到《民法典》的具体规定后，李燕重新起诉，将婚姻无效的诉讼请求改为离婚，后得到了法院的支持，判决准许双方离婚。

普法小知识

关于使用假身份证登记结婚是否可以撤销的问题，我们应该明白以下几点：

（1）当事人提供虚假身份证明进行婚姻登记，与当事人未亲自到婚姻登记机关进行婚姻登记的性质是一样的，都是可撤销的。因为要求当事人亲自到婚姻登记机关进行婚姻登记的一个重要目的就是要审查当事人的身份是否真实，所以应根据法律规定并按目的解释规则判决撤销婚姻登记机关的结婚登记行为。

（2）按照最高法《婚姻家庭编司法解释（一）》第十条规定，无论当事人在申请有效婚姻或无效婚姻前是否达到法定婚龄，只要申请时双方已经具备了法律规定的结婚实质要件（男满22周岁、女满20周岁），则法定的无效婚姻情形则消失，出现无效婚姻的阻却事由，从而无效婚姻转化为有效婚姻，人民法院对申请有效婚姻的则支持，对申请无效婚姻的则驳回。

需要注意的是，除了以上案件外，近年来，一些不法分子利用假身份证件登记结婚骗取钱财的案件亦常见诸报端，因此，选择结婚对象时一定要慎重摸清对方底细，避免蒙受损失。

11

没结成婚，
可以让对方退彩礼吗?

小李与小若经人介绍认识，双方对彼此都比较满意，就按照当地习俗订了婚。

随后，小李家按照当地习俗向小若家支付彩礼 30 万元，并购买了"三金"、钻戒、衣物等。

然而，在筹备婚礼期间，双方发现对方并不合适，于是分手。

因未办理结婚登记手续，小李家要求小若家返还彩礼钱。

《婚姻家庭编司法解释（一）》第五条

当事人请求返还按照习俗给付的彩礼的，如果查明属于以下情形，人民法院应当予以支持：

（一）双方未办理结婚登记手续；

（二）双方办理结婚登记手续但确未共同生活；

（三）婚前给付并导致给付人生活困难。

适用前款第（二）项、第（三）项的规定，应当以双方离婚为条件。

根据前述法律规定可知，给付彩礼后，若双方没有办理结婚登记，给付彩礼的一方要求返还彩礼的，另一方应当予以返还。

在我国，小李家按照当地习俗向小若家支付的 30 万元，及购买的"三金"、钻戒、衣物等，属于小李在婚前给付小若的彩礼，虽形式是一般赠与，实质上是以将来缔结婚姻为目的、附条件的财物赠与。双方既然没有办理结婚登记，在法律上双方就没有结婚，发生赠与的基础关系就不存在，则受赠人负有返还赠与物的义务。

所以，在小李与小若没有办理结婚登记的情况下，小李要求返还彩礼的行为是合法的，小若应当返还彩礼。

普法小知识

彩礼，是指男女双方为缔约婚姻关系，基于当地习俗，由一方向另一方给付金钱的行为，彩礼一般由男方给付女方，多为金钱，也有一些贵重物品。彩礼的本质是附条件的赠与，其所附条件是结婚。当结婚的目的没有达到时，为结婚而付出的巨额彩礼也应当返还。

　　在现实生活中，常会存在男女双方举行了婚礼且共同生活但是没有办理结婚登记的情形。因为法律并不认可事实婚姻，因此没有办理结婚登记就相当于男女双方之间不存在法律认可和保护的婚姻关系。在男女双方感情破裂、结束同居关系的情况下，如果男方要求女方返还彩礼，女方依法是应当返还的。但是对于在双方共同生活中已经花掉的彩礼部分，可以不予返还。

　　所以，如果你正准备结婚，那么有一点就应当明白，只有办理结婚登记，才能缔结法律认可和保护的婚姻关系。在办理结婚登记之后，女方获得的彩礼收益才能得到法律的认可，否则男方可根据法律规定要回彩礼。

12　嫁妆是个人财产
还是夫妻共同财产？

　　小杨和琳琳相恋多年，终于走到了谈婚论嫁的地步。作为家中独女，琳琳的妈妈非常疼爱琳琳，在琳琳出嫁时为她准备了 40 万元作为嫁妆。

　　在小杨与琳琳登记结婚之前，琳琳的妈妈就已经将这 40 万元打进了琳琳的银行账户里。

　　谁知，两人登记结婚不久后，小杨生意上就出现了问题，于是小杨便开始向琳琳要这 40 万元，想用作生意上的周转资金。琳琳自然不肯，认为这是母亲给自己的嫁妆，不能轻易动用。小杨则认为这 40 万元，应当属于夫妻共同财产，自己当然可以动用。

　　两人为此事争执不休，甚至惊动了双方家长。

《民法典》第一千零六十三条

下列财产为夫妻一方的个人财产：

（一）一方的婚前财产；

（二）一方因受到人身损害获得的赔偿或者补偿；

（三）遗嘱或者赠与合同中确定只归一方的财产；

（四）一方专用的生活用品；

（五）其他应当归一方的财产。

《婚姻家庭编司法解释（一）》第三十一条

《民法典》第一千零六十三条规定为夫妻一方的个人财产，不因婚姻关系的延续而转化为夫妻共同财产。但当事人另有约定的除外。

由上述法条可知，一方的婚前财产属于个人财产，而非夫妻共同财产。

琳琳账户中的这 40 万元，是琳琳的妈妈，在琳琳与小杨登记结婚之前就打到琳琳账户中的资产，并非结婚之后、夫妻关系存续期间取得的资产，是女方家人对女方的婚前个人赠与。

因此，琳琳的这 40 万元嫁妆适用《民法典》第一千零六十三条规定，属于琳琳的婚前个人财产，而不是夫妻共同财产。

看到琳琳与小杨因为这笔嫁妆闹得夫妻感情不和，琳琳的母亲心中连连后悔，没想到这笔钱居然成了破坏女儿婚姻的祸端。在心疼女儿之下，琳琳的母亲寻找到钟云都律师法律帮助，经过咨询，明白了这笔嫁妆钱并不属于夫妻共同财产，她将此事告知了女儿，同时做好了为女儿的"婚姻保卫战"保驾护航的决定。

普法小知识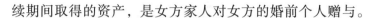

嫁妆是个人财产还是夫妻共同财产？司法实践中一般需要分情况讨论：

（1）如果是在夫妻二人领取结婚证之前购置并且双方没有对嫁妆的归属作出约定的，嫁妆属于一方婚前财产。

（2）如果是夫妻二人在领取结婚证之后购置并且双方没有对嫁妆的归属作出约定的，那么，属于夫妻共同财产。

"娶媳妇，送彩礼；嫁闺女，陪嫁妆。"这是中国人的传统婚礼习俗，对于彩礼我们一般了解较多，但对于"嫁妆"，很多情况下，因为它一般不以金钱而是以"家电、饰品"等形式出现，容易被忽略。婚姻不仅是情感关系，更是一种财产关系，因此，为了维护我们在婚姻中的利益，对大众知之甚少的"嫁妆"归属问题，我们也应该充分学习了解，以便有备无患。

13 协议约定谁提离婚谁就 "净身出户" 有效吗?

童女士与杨先生原本是一对恩爱的情侣，双方于 2020 年登记结婚。婚前，双方订立《保护童××与杨××婚姻的协议》一份，具体规定了双方婚后的财产所有权，但此协议中，双方在第（二）项条款上约定："……二、日后谁先提出离婚谁就'净身出户'，即放弃自己婚内在夫妻共同财产中应占的份额，并归夫妻另一方所有……"

婚后一年多，两人因性格不合频频发生矛盾，童女士提出离婚，同时要求分割夫妻共同财产。杨先生不同意，并拿出此前签订的婚前协议，指着第（二）项条款表示，协议约定谁提离婚谁就"净身出户"，童女士如果坚持要离婚，那就应当遵守协议。

双方协商不成，童女士于是向法院提起离婚诉讼，并以该婚前协议侵犯了自己的离婚自由，要求法院判定其无效。

《民法典》第一千零六十五条

男女双方可以约定婚姻关系存续期间所得的财产以及婚前财产归各自所有、共同所有或者部分各自所有、部分共同所有。约定应当采用书面形式。没有约定或者约定不明确的，适用本法第一千零六十二条、第一千零六十三条的规定。

夫妻对婚姻关系存续期间所得的财产以及婚前财产的约定，对双方具有法律约束力。

夫妻对婚姻关系存续期间所得的财产约定归各自所有，夫或者妻一方对外所负的债务，相对人知道该约定的，以夫或者妻一方的个人财产清偿。

《民法典》第一千零四十一条

婚姻家庭受国家保护。

实行婚姻自由、一夫一妻、男女平等的婚姻制度。

保护妇女、未成年人、老年人、残疾人的合法权益。

《民法典》第一百五十八条

民事法律行为可以附条件，但是根据其性质不得附条件的除外。附生效条件的民事法律行为，自条件成就时生效。附解除条件的民事法律行为，自条件成就时失效。

《最高人民法院关于适用〈中华人民共和国民法典〉总则编若干问题的解释》第二十四条

民事法律行为所附条件不可能发生，当事人约定为生效条件的，人民法院应当认定民事法律行为不发生效力；当事人约定为解除条件的，应当认定未附条件，民事法律行为是否失效，依照《民法典》和相关法律、行政法规的规定认定。

根据《民法典》第一千零六十五条的规定，夫妻对婚姻关系存续期间所得的财产以及婚前财产的约定，对双方具有法律约束力。此条款明确了"婚前协议"对夫妻之间是有法律约束力的，童女士与杨先生双方均是完全民事行为能力人，应当知道协议所表达的真实意思，以及签订协议的法律后果，故应当认定两人的婚前协议属双方当事人的真实意思表示，对双方当事人均具有法律约束力。

但法院同时认为，该"婚前协议"中的第二项条款不应予以认可。

根据《民法典》规定，我国实行婚姻自由、一夫一妻、男女平等的婚姻制度。

本案中，童女士与杨先生签订的"婚前协议"以所有家庭财产归另一方所有的约定迫使双方不得离婚，侵犯了婚姻自由原则中的离婚自由。《最高人民法院关于适用〈中华人民共和国民法典〉总则编若干问题的解释》第二十四条规定："民事法律行为所附条件不可能发生，当事人约定为生效条件的，人民法院应当认定民事法律行为不发生效力；当事人约定为解除条件的，应当认定未附条件，民事法律行为是否失效，依照《民法典》和相关法律、行政法规的规定认定。"

所以，童女士与杨先生签订的"婚前协议"侵犯了《民法典》规定的离婚自由，为无效条款。

最终，法院判决结果如下：一、准予童女士与杨先生离婚；二、仅确认童女士与杨先生婚前签订的《保护童××与杨××婚姻的协议》第（二）项条款无效，其他条款有效，双方的财产按此协议中的约定进行分割。

普法小知识

随着时代的变化，人们对财产的认知也在发生改变，从过去的"谈钱伤感情"逐渐变为"亲兄弟也要明算账"，夫妻之间厘清财产关系，签订婚前或婚内财产协议的情况也越来越多见。想要婚前协议在对簿公堂时不成为一张"废纸"，我们一定要特别注意以下问题：

（1）订约时，男女双方必须具有完全民事行为能力。

（2）当事人意思表示真实。财产约定应是双方平等、自愿、协商一致的结果，不得以欺诈、胁迫手段或乘人之危使对方违背真实意思作出。

（3）约定的内容必须合法，不得违反法律和社会公益。约定的内容不得超出夫妻财产的范围，例如，不得将其他家庭成员的财产列入约定的财产范围；不得规避养老育幼、清偿第三人债务、国家税收等法律义务。

最后，我们要知道，"谁提出离婚，谁净身出户"，这种协议的出发点是好的，是为了维护婚姻关系的稳定，但这种协议实际涉嫌限制婚姻自由，会被法院认定无效。谁也无法保证结婚的两个人不会出现矛盾，如果用一纸协议对此进行约束，就显得十分不现实。婚姻关系的维持关键还是靠感情，而不是什么协议。

14

夫妻约定"不陪我睡"就给"空床费"有效吗?

小华与小雅结婚已经 5 年了，在婚姻关系存续期间，小华经常以工作忙、需加班为由夜不归宿，时间长了，小雅不禁对小华在外的交往产生怀疑。

后来双方约定并签下婚内协议，如果丈夫小华在凌晨 0:00—7:00 期间没有回家，则小华要按每小时 100 元的标准向妻子小雅支付"空床费"。

谁知，作此约定后，小华仍然经常夜不归宿，双方也因此争吵不断，短短几个月的时间，小华向小雅出具了共计欠付"空床费"4200 元的欠条。

由于矛盾持续升级，夫妻双方感情逐渐消耗殆尽，最后，小

雅向人民法院起诉，控诉小华长期不履行夫妻义务，并要求小华按照婚内约定向她支付 4200 元"空床费"。

> **《民法典》第一百四十三条**
>
> 具备下列条件的民事法律行为有效：
>
> （一）行为人具有相应的民事行为能力；
>
> （二）意思表示真实；
>
> （三）不违反法律、行政法规的强制性规定，不违背公序良俗。
>
> **《民法典》第一千零四十三条**
>
> 家庭应当树立优良家风，弘扬家庭美德，重视家庭文明建设。
>
> 夫妻应当互相忠实，互相尊重，互相关爱；家庭成员应当敬老爱幼，互相帮助，维护平等、和睦、文明的婚姻家庭关系。
>
> **《婚姻家庭编司法解释（一）》第四条**
>
> 当事人仅以《民法典》第一千零四十三条为依据提起诉讼的，人民法院不予受理；已经受理的，裁定驳回起诉。

根据《民法典》第一百四十三条的规定，民事法律行为在具备下列条件时有效：（一）行为人具有相应的民事行为能力；（二）意思表示真实；（三）不违反法律、行政法规的强制性规定，不违背公序良俗。

由此可知，小华与小雅签订的涉及财产问题的"空床费"协议，并不存在欺诈、胁迫的情形，也是双方的真实意思表示，不违反法律、行政法规的禁止性规定，应当认定为有效。

然而，小雅的起诉却被法院拒绝受理。

原来，小雅在诉请中提出的理由为"小华长期不履行夫妻忠实义务"，但根据最高院《婚姻家庭编司法解释（一）》第四条规定："当事人仅以《民法典》第一千零四十三条为依据提起诉讼的，人民法院不予受理。"

随后，小雅咨询了钟云郗律师，在钟律师的指导下，小雅将诉请改为要求与小华离婚，且小华要按照婚内约定向其支付4200元空床费作为离婚补偿，再次向法院起诉，最终胜诉。

在钟律师的指导下，小雅明白了，她与小华之间协议的"空床费"仅限于在离婚时，一方主张按照协议履行，在此情形下，法院才会予以支持。在不解除婚姻关系同时也没有实行分别财产制的情形下，法院对该主张将不予支持。因此，"空床费"的约定只能在主张离婚的前提下才有可能被支持。

普法小知识

夫妻约定"不陪我睡"就给"空床费"是否有效？我们应该认识到：

（1）作为婚姻契约的"空床费"协议，只要是婚姻当事人平等自愿协商一致的结果，且在订立该协议时双方均为完全民事行为能力人，该约定就有效。

（2）尽管约定本身在符合法典要求下是有效的，但应注意的是，"空床费"约定的适用是有条件的，"空床费"仅适用于离婚时或夫妻实行分别财产制的时候。

由此可知，"空床费"是夫妻双方达成的一个"意思自治"原则的协议，受法律保护。

15 偷看另一半的手机，
侵犯隐私权吗？

　　小雨和丈夫小铭在两年前登记结婚，婚后也非常甜蜜恩爱。可是，最近双方却大吵了一架，甚至还闹到了离婚的地步。起因是小雨偶然发现自己的丈夫小铭其实一直在偷偷查看自己的手机，并且此行为已经持续了一年多，小雨对此感到十分生气，当场就与小铭大吵了一架。

　　"你为什么要偷看我的手机，是不是不相信我？你这样做是侵犯了我的隐私！"

　　没想到小铭不但不认错，反而恶人先告状。当场反击小雨道："你这么介意肯定有问题！"

　　原来，小雨在一家公司做销售经理，因为工作原因，经常需要晚上加班见客户，这让小铭非常没有安全感，所以经常趁小雨不注意时偷看小雨的手机。短信、通话记录、微信、QQ，小铭全都会翻看个遍。

小雨想到丈夫这样不相信自己，并且在自己发现后毫不知错，忍无可忍之下，向小铭提出了离婚。

《民法典》第一千零三十二条

自然人享有隐私权。任何组织或者个人不得以刺探、侵扰、泄露、公开等方式侵害他人的隐私权。

隐私是自然人的私人生活安宁和不愿为他人知晓的私密空间、私密活动、私密信息。

《民法典》第一千零三十三条

除法律另有规定或者权利人明确同意外，任何组织或者个人不得实施下列行为：

（一）以电话、短信、即时通信工具、电子邮件、传单等方式侵扰他人的私人生活安宁；

（二）进入、拍摄、窥视他人的住宅、宾馆房间等私密空间；

（三）拍摄、窥视、窃听、公开他人的私密活动；

（四）拍摄、窥视他人身体的私密部位；

（五）处理他人的私密信息；

（六）以其他方式侵害他人的隐私权。

根据《民法典》规定，自然人隐私权受法律保护，小铭未经允许偷看小雨的手机，属于侵犯隐私的行为，即使小铭与小雨是夫妻也不能例外。

小雨向小铭提出离婚后，遭到了小铭的拒绝，并且对方辩解道："我是在乎你才会这么做的。"

看到小铭如此不知悔改，小雨知道双方已经无法协商。最终，小雨以小铭侵犯了自己的隐私权导致婚姻关系破裂为由，起诉至法院，与小铭离了婚。

普法小知识

无论恋人还是夫妻之间，很多人出于安全感、不信任对方等原因，会查看甚至是偷偷查看对方手机以确认对方是否忠诚，但实际上，我们应该认识到：

（1）虽然《民法典》中规定了夫妻之间应当互相忠诚，但这是倡导性规定，而是否忠诚完全靠双方的自我道德约束，若一方存在出轨等对婚姻不忠的情形，另一方有权通过离婚等方式维护自身合法权益。偷看对方手机不仅侵犯了对方隐私权，且对维护伴侣关系也不能起到任何帮助作用。

（2）忠诚权属于相对权，是建立在特定人物之间的权利，而隐私权属于绝对权，是除了当事人本人以外的所有人都不得侵犯的权利。相对权不得对抗绝对权，因此，不能以侵犯伴侣的隐私权为代价来确认伴侣是否忠诚。

人人都享有隐私权，即使是恋人或夫妻，也应当尊重对方的隐私，对丈夫或妻子"查手机"并非理所当然。

16　养老金属于　　夫妻共同财产吗？

　　小晴与小袁经人介绍结婚 8 年，因多年来生活中的矛盾越积越深，无法调和，双方互相都提出了离婚。

　　随后，二人开始了协议离婚。在分割相关财产时，二人却在养老金的分割上产生了分歧。小晴认为，小袁养老保险费本来就是由小袁的工资交的，工资本就是夫妻共同财产，自己有权分割，况且小袁是公司高管，平时工资比较高，所以养老保险费交得多，养老金也多，不分显然不公平。因此，小晴要求分割小袁的养老金。

　　但小袁却表示，自己才工作几年，还没有退休，无法领取养老金，所以不同意分割。

　　于是，小晴将小袁起诉至法院。

养老金存折

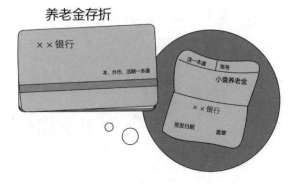

《民法典》第一千零六十二条

夫妻在婚姻关系存续期间所得的下列财产，为夫妻的共同财产，归夫妻共同所有：

（一）工资、奖金、劳务报酬；

（二）生产、经营、投资的收益；

（三）知识产权的收益；

（四）继承或者受赠的财产，但是本法第一千零六十三条第（三）项规定的除外；

（五）其他应当归共同所有的财产。

夫妻对共同财产，有平等的处理权。

《婚姻家庭编司法解释（一）》第二十五条

婚姻关系存续期间，下列财产属于民法典第一千零六十二条规定的"其他应当归共同所有的财产"：

（一）一方以个人财产投资取得的收益；

（二）男女双方实际取得或者应当取得的住房补贴、住房公积金；

（三）男女双方实际取得或者应当取得的基本养老金、破产安置补偿费。

《婚姻家庭编司法解释（一）》第八十条

离婚时夫妻一方尚未退休、不符合领取基本养老金条件；另一方请求按照夫妻共同财产分割基本养老金的，人民法院不予支持；婚后以夫妻共同财产缴纳基本养老保险费，离婚时一方主张将养老金账户中婚姻关系存续期间个人实际缴纳部分及利息作为夫妻共同财产分割的，人民法院应予支持。

前述法律规定中，明确规定了基本养老金属于夫妻共同财产中的"其他应当归共同所有的财产"。

且根据《婚姻家庭编司法解释（一）》第八十条规定，离婚时夫妻一方尚未退休、不符合领取基本养老金条件，另一方请求按照夫妻共同财产分割基本养老金的，人民法院不予支持；婚后以夫妻共同财产缴纳基本养老保险费，离婚时一方主张将养老金账户中婚姻关系存续期间个人实际缴纳部分及利息作为夫妻共同财产分割的，人民法院应予支持。

也就是说，婚后小袁个人缴纳的养老保险费部分，实际就是以夫妻共同财产缴纳的，该部分也当然为夫妻共同财产，离婚时小晴是有权要求分割该部分及利息的。

在本案中，经法院查明，截至双方要求离婚时，小袁养老金账户中，本人缴费 36982.98 元、收益 2523.57 元。故法院结合法律规定及本案实际情况，将前述个人缴费部分及收益作为夫妻共同财产予以分割。

普法小知识

很多夫妻在离婚时大打官司分割财产，但总是容易遗漏"养老金"，实际上，"养老金"属于夫妻共同财产，并且是有据可依的：

（1）养老保险金是国家通过社会保险机构向退休职工发放的生活费用，是对职工退休生活的收入保障，因此是被纳入夫妻共同财产范围的；

（2）养老金本身来源于公司以及劳动者按照工资收入的一定比例缴付资金的常年积累，事实上也属于工资收入的一部分，只是发放形式不同而已，若离婚时只给予劳动者一方，对婚后照顾家庭较多的配偶来说，将无法得到足够保障，违背平等保护原则。因此，我国法律将基本养老金纳入夫妻共同财产范围。

所以，如果婚姻不幸出现变故，以至于双方只能解除婚姻关系，我们在要求分割夫妻共同财产时，请勿遗漏养老保险个人缴费部分。

17 住房公积金属于
夫妻共同财产吗？

　　苏女士与江先生经人介绍结婚。婚后，随着生活琐事增多，夫妻争吵也逐渐出现，三天一小吵，五天一大闹，婚姻关系一直处于紧张状态。

　　苏女士不堪这样吵吵闹闹的生活，起诉至法院要求解除与江先生的婚姻关系。

　　在双方的婚内财产分割问题上，苏女士向法院提供了婚内财产协议一份，证明与江先生就房产及其他财产分割达成协议，此外还请求法院分割对方三年婚姻存续期间的公积金4万元。

　　江先生同意离婚，认可该婚内财产协议，但对于单位给自己的住房公积金不同意分割，认为这属于自己的个人财产，不应分割。

《民法典》第一千零六十二条

夫妻在婚姻关系存续期间所得的下列财产，为夫妻的共同财产，归夫妻共同所有：

（一）工资、奖金、劳务报酬；

（二）生产、经营、投资的收益；

（三）知识产权的收益；

（四）继承或者受赠的财产，但是本法第一千零六十三条第（三）项规定的除外；

（五）其他应当归共同所有的财产。

夫妻对共同财产，有平等的处理权。

《婚姻家庭编司法解释（一）》第二十五条

婚姻关系存续期间，下列财产属于《民法典》第一千零六十二条规定的"其他应当归共同所有的财产"：

（一）一方以个人财产投资取得的收益；

（二）男女双方实际取得或者应当取得的住房补贴、住房公积金；

（三）男女双方实际取得或者应当取得的基本养老金、破产安置补偿费。

《住房公积金管理条例》第二十四条

职工有下列情形之一的，可以提取职工住房公积金账户内的存储余额：

（一）购买、建造、翻建、大修自住住房的；

（二）离休、退休的；

（三）完全丧失劳动能力，并与单位终止劳动关系的；

（四）出境定居的；

（五）偿还购房贷款本息的；

（六）房租超出家庭工资收入的规定比例的。

根据《民法典》规定，住房公积金如果是在婚姻关系存续期间取得的，则属于"其他应当归共同所有的财产"，也是夫妻共同财产。

然而，江先生指出，根据《住房公积金管理条例》规定，职工只有购买、建造、翻建、大修自住住房；离休、退休；完全丧失劳动能力，并与单位终止劳动关系；出境定居；偿还购房贷款本息；房租超出家庭工资收入的规定比例等六种情形，才可以提取职工住房公积金账户内的存储余额。

因此，江先生认为，离婚不是提取住房公积金的事由，所以他名下的住房公积金仍然应归其个人所有，妻子无权分割该住房公积金。

经审理，法院认为，苏女士提出的是分割夫妻共同财产，并非"提取"出公积金后进行分割，因此，可在计算出江先生公积金总额后，进行折抵，直接给苏女士予以货币补偿。

最终，法院判定，江先生账户余额名下的 42169.52 元住房公积金均为婚后所得，苏女士有权分割一半，判定由江先生向苏女士支付折抵款 21084.76 元。

普法小知识

住房公积金属于夫妻共同财产吗？我们需要认识到以下知识：

（1）住房公积金如果是在婚姻关系存续期间取得的，则属于夫妻共同财产。但作为夫妻共同财产予以分割的住房公积金与住房补贴，只能是婚姻关系存续期间所得的和应得的，婚姻关系存续期间之外的，则属于个人财产，归个人所有。

（2）离婚不是提取住房公积金的事由，但主张分割不等于"提取"，因此仍是可以分割的。具体的分割方式为：①查询住房公积金账户余额。②以领取《结婚证》的日期为起点，计算婚内形成的公积金款项。如果余额中包含结婚之前的款项，应予以扣除。③经过折抵，一方直接给对方予以货币补偿。④婚内已经提取出来的金额，如果不是恶意转移财产、已经实际使用了，就不用再计算、分割了。

所以，住房公积金是属于夫妻共同财产的，哪怕它只在一个人的账户里。在离婚时，注意不要遗漏分割。

18 丈夫婚前借的钱，
妻子要还吗？

小菁与小梁经过婚姻介绍所认识，为了表示诚意，小梁在对小菁展开热烈追求期间十分"大方"，导致小菁一度认为小梁的经济情况较好。因此，交往一段时间后，当小梁向小菁正式求婚时，小菁提出若小梁带她去欧洲度蜜月就结婚。

尽管囊中羞涩，但为了娶得佳人归，小梁还是答应了。

2021 年 9 月 1 日，小梁向同事小李借款 10 万元，次日在旅游网站上购买了国庆期间"欧洲十日游"产品。9 月 10 日，小梁与小菁登记结婚，随后于国庆期间度完蜜月。

婚后，因小梁一直欠款不还，同事小李在多次催讨不成的情况下，将小梁夫妻诉至法院，要求小菁、小梁两人共同偿还欠款。

《民法典》第一千零六十四条

夫妻双方共同签名或者夫妻一方事后追认等共同意思表示所负的债务，以及夫妻一方在婚姻关系存续期间以个人名义为家庭日常生活需要所负的债务，属于夫妻共同债务。

夫妻一方在婚姻关系存续期间以个人名义超出家庭日常生活需要所负的债务，不属于夫妻共同债务；但是，债权人能够证明该债务用于夫妻共同生活、共同生产经营或者基于夫妻双方共同意思表示的除外。

《婚姻家庭编司法解释（一）》第三十三条

债权人就一方婚前所负个人债务向债务人的配偶主张权利的，人民法院不予支持。但债权人能够证明所负债务用于婚后家庭共同生活的除外。

根据《婚姻家庭编司法解释（一）》第三十三条规定："债权人就一方婚前所负个人债务向债务人的配偶主张权利的，人民法院不予支持。但债权人能够证明所负债务用于婚后家庭共同生活的除外。"

在庭审过程中，小李向法院提供了给小梁的借款转账记录，以及小梁在借款后与小菁去旅游的证明，相关证明材料显示：小梁在 2021 年 9 月 1 日收到 10 万元后，次日便向旅行社转账 6 万元，其余 4 万元也均用于了小梁与小菁蜜月期间在欧洲拍摄婚纱照、购置首饰、名牌衣服、包包等。

法院认为，尽管夫妻一方婚前以个人名义所负债务一般为一方的个人债务，但小李作为债权人，出示证据证明了小梁将这笔债款用于了婚后家庭共同生活（用于支付小梁与小菁婚后的蜜月旅行及其他共同消费），符合前述法律规定，因此，小梁欠小李的 10 万元应视为夫妻共同债务，由小梁与小菁共同承担偿还。

普法小知识

在生活中，很多人虽然知道什么是婚前个人债务，但是总是弄不清楚婚前个人债务在婚后会不会转化为夫妻共同债务。婚前个人债务会不会转化为夫妻共同债务是一个比较复杂的问题，因此我们一定要充分了解相关知识：

（1）夫妻一方婚前所欠个人债务，是其与债权人之间因借贷行为而形成的一种债权债务关系，与婚后另一方无关。

（2）但是，婚前个人债务在某些情况下会变成夫妻共同债务。例如一方婚前所负个人债务被债权人证明是用于夫妻共同生活、共同生产经营或者基于夫妻双方共同意思表示的。

因此，"丈夫婚前借的钱，妻子要还吗？"这个问题要分具体情况来看，但我们也不必过于担心，因为根据法律规定，除非债权人有证据证明婚前个人债务是用于婚后夫妻共同生活，否则法院是不会支持债权人向配偶索取债务的。

19 结婚后，一方父母出资买房，一定是夫妻共同财产吗？

小燕与小王 2018 年经人介绍登记结婚，结婚一年时，为了早点抱上孙子，小王的父母拿出攒了毕生的积蓄，在县城繁华地段买下了一套学区房，登记在小王名下，以帮助夫妻俩安家。买房时，小王的父母与小王还单独签了赠与合同。

后来，小燕生下了儿子睿睿。随着孩子逐渐长大，夫妻二人却在日常琐事及教育儿子的问题上产生了越来越多的矛盾与分歧，夫妻感情逐渐疏远。2023 年，小燕与小王决定结束婚姻关系，可二人对所居住的房屋的归属始终无法达成一致。

小王认为，这套房子是自己父母买给自己的，且登记在自己个人名下，因此这套房与小燕没有任何关系，不应与小燕分割。

小燕认为，夫妻共同居住的房屋属于夫妻共同财产，自己有分割权利。双方争执不下，于是，小燕将小王起诉至法院，要求与小王离婚并分割房产。

《民法典》规定

《民法典》第一千零六十二条

夫妻在婚姻关系存续期间所得的下列财产，为夫妻的共同财产，归夫妻共同所有：

（一）工资、奖金、劳务报酬；

（二）生产、经营、投资的收益；

（三）知识产权的收益；

（四）继承或者受赠的财产，但是本法第一千零六十三条第三项规定的除外；

（五）其他应当归共同所有的财产。

夫妻对共同财产，有平等的处理权。

《民法典》第一千零六十三条

下列财产为夫妻一方的个人财产：

（一）一方的婚前财产；

（二）一方因受到人身损害获得的赔偿或者补偿；

（三）遗嘱或者赠与合同中确定只归一方的财产；

（四）一方专用的生活用品；

（五）其他应当归一方的财产。

《婚姻家庭编司法解释（一）》第二十九条

当事人结婚前，父母为双方购置房屋出资的，该出资应当认定为对自己子女个人的赠与，但父母明确表示赠与双方的除外。

当事人结婚后，父母为双方购置房屋出资的，依照约定处理；没有约定或者约定不明确的，按照《民法典》第一千零六十二条第一款第（四）项规定的原则处理。

由前述法律规定不难看出，婚姻关系存续期间，父母为子女出资购买房产并赠与子女，该房产原则上为夫妻共同财产，除非赠与合同中确定只归一方的财产。

小燕与小王共同居住的这套房子，是由小王父母出资购买并登记在小王名下的，按法律规定，除非小王父母与小王有签订赠与合同，否则应认定为小王的夫妻共同财产。而恰好，小王的父母与小王单独签了赠与合同，按揭款也是小王父母出的。因此，小燕认为的夫妻共同财产，实际上是小王的个人财产。

普法小知识

　　婚后财产归属问题一直备受关注，夫妻婚后一方父母出资购买的房子是否为个人资产，我们需要分情况讨论：

　　根据《民法典》规定不难看出，婚姻关系存续期间，父母为子女出资购买房产并赠与子女，即便该房产只登记在一方的名下，在没有赠与合同约定只归自己子女所有的情况下，则该房产也属于子女的夫妻共同财产。

　　如果出资的父母与自己的子女签订了赠与合同，且赠与合同中约定只归自己子女一方的财产，那么，在这种情况下，房产不属于夫妻共同财产，而是子女一方的个人财产。

　　综上，在一方父母出资购买房产的归属问题上，建议在购买房产前，婚姻双方和父母应该事先进行明确的协商和约定，尽可能避免因财产归属问题而引发婚姻矛盾。

20　房子婚后加名，究竟属于谁？

钟先生与赵小姐在工作中认识，交往数月之后，钟先生便于2022年5月与赵小姐登记结婚，并将自己的婚前存款以全款方式购买了一套房作为了婚后爱巢。

2022年8月，钟先生将该房产的产权登记在夫妻双方名下，因当初购房时有部分房款为钟先生向他人所借，因此两人婚后共同归还了借款10万元。

婚后，钟先生与赵小姐因生活矛盾导致夫妻感情破裂，双方协议离婚。然而，在房子的归属问题上双方争执不下，最终引发诉讼。

钟先生认为，这套房是自己在婚前全款购买的，属于婚前财产，自己婚后在房产证上加赵小姐的名字，是为了增进夫妻感情、加强彼此信任，但并不代表房子就变成夫妻共同财产。

赵小姐提出，虽然该房产由钟先生婚前出资购买，但婚后登记在双方名下，为双方共有财产。赵小姐还表示，自己婚后与钟先生共同装修、购买车位、归还购房借款，自己为这套房子也付出了较多的精力和财力，理应分割房子的一半价值。

《民法典》第一千零六十五条

男女双方可以约定婚姻关系存续期间所得的财产以及婚前财产归各自所有、共同所有或者部分各自所有、部分共同所有。约定应当采用书面形式。没有约定或者约定不明确的，适用本法第一千零六十二条、第一千零六十三条的规定。

夫妻对婚姻关系存续期间所得的财产以及婚前财产的约定，对双方具有法律约束力。

夫妻对婚姻关系存续期间所得的财产约定归各自所有，夫或者妻一方对外所负的债务，相对人知道该约定的，以夫或者妻一方的个人财产清偿。

《婚姻家庭编司法解释（一）》第三十二条

婚前或者婚姻关系存续期间，当事人约定将一方所有的房产赠与另一方或者共有，赠与方在赠与房产变更登记之前撤销赠与，另一方请求判令继续履行的，人民法院可以按照《民法典》第六百五十八条的规定处理。

在钟先生与赵小姐各自的举证下，法院认为，房子虽然是钟先生婚前出资购买的，但婚后产权登记在双方名下，且婚后双方曾共同清偿购买上述房屋所负的债务，该房屋应认定为婚姻存续期间的夫妻共同财产。

然而针对赵小姐提出的要求分割房子价值的一半，法院并没有予以支持。

考虑到房子是由钟先生婚前个人出资，婚后登记双方的名字是为了增进夫妻感情，以及婚后双方共同清偿了购买此房所负债务 10 万元等因素，法院判决房子归钟先生所有，但钟先生需给付赵小姐房屋价款 20% 的补偿。

普法小知识

房子婚后加名，究竟属于谁？在这个问题上，现行《民法典》已经告诉了我们明确的答案：属于夫妻共同财产！

然而，虽然婚后加名的房子成为了夫妻共同财产，但这一共同财产在离婚分割时却不像大家都认为的应该一人一半。

　　根据《民法典》第一千零八十七条规定，"离婚时，夫妻的共同财产由双方协议处理；协议不成的，由人民法院根据财产的具体情况，按照照顾子女、女方和无过错方权益的原则判决。"因此，在司法实践中，虽然婚后加名的房子在法律上属于夫妻共同财产，但离婚时并非一律平均分割，法院会根据房屋出资来源、双方在婚姻中是否存在过错、是否共同生活等具体情况进行分割。

21 婚内可以要求分割夫妻共同财产吗？

小娟与丈夫李峰结婚已经 6 年了，婚后生育了一对儿女，家庭生活幸福和谐。

然而，半年前，小娟却发现李峰在网络上与一名女性朋友经常联系。为此，小娟不禁怀疑丈夫之前很多次称加班、出差而不回家是去找这名女子约会见面，双方因此发生矛盾，半年来两人多次为此事争吵不断，难以调和。

随后，小娟以双方感情已完全破裂、无法和好为由，向法院提起了离婚诉讼。然而法院却以夫妻二人感情尚未破裂，还有和好的可能，驳回了小娟的离婚请求。

在判决不准离婚后，李峰却突然将夫妻共同所有的价值 80 多万元的一处房子，以 30 万元的价格出售给了一男子王某，这一价格明显低于市场价，明显是转移、变卖夫妻共同财产。

得知此事的小娟心急地再次向法院提起诉讼，请求分割婚内共同财产。

《民法典》第一千零六十六条

婚姻关系存续期间，有下列情形之一的，夫妻一方可以向人民法院请求分割共同财产：

（一）一方有隐藏、转移、变卖、毁损、挥霍夫妻共同财产或者伪造夫妻共同债务等严重损害夫妻共同财产利益的行为；

（二）一方负有法定扶养义务的人患重大疾病需要医治，另一方不同意支付相关医疗费用。

《婚姻家庭编司法解释（一）》第三十八条

婚姻关系存续期间，除《民法典》第一千零六十六条规定情形以外，夫妻一方请求分割共同财产的，人民法院不予支持。

由于小娟首次提出离婚诉求时被法院驳回，因此，小娟再次提起的是婚内请求分割夫妻共同财产的诉讼。

根据《民法典》第一千零六十六条的规定："婚姻关系存续期

间，夫妻一方有隐藏、转移、变卖、毁损、挥霍夫妻共同财产或者伪造夫妻共同债务等严重损害夫妻共同财产利益的行为的，另一方可以请求分割共同财产。"

小娟表示，李峰在婚内以明显低于市场价的价格变卖夫妻共同拥有的房产，属于在夫妻关系存续期间转移、变卖夫妻共同财产的行为，希望法院支持自己婚内分割夫妻共同财产的诉请。

对于出售房子的原因，李峰则表示是因为自己工作上急需大量的资金进货，因此才将房屋低价卖出，并不存在转移共同财产行为。但是，李峰却不能根据法院要求，拿出自己在低价变卖房屋后用这笔资金进货的证据。

最后，法院判定李峰变卖夫妻共同财产，判决小娟胜诉，对小娟请求分割夫妻共同财产的诉讼请求予以支持。

普法小知识

通常而言，夫妻双方只在感情破裂，非离婚不能解决的时候才会分割夫妻共同财产。然而凡事总有特例，不离婚而要求婚内分割财产在以下情况中都是可以实现的：

（1）一方有隐藏、转移、变卖、毁损、挥霍夫妻共同财产或者伪造夫妻共同债务等严重损害夫妻共同财产利益的行为时。

（2）一方负有法定扶养义务的人患重大疾病需要医治，另一方不同意支付相关医疗费用时。

夫妻双方在婚姻存续过程中发现另一方有上述情况的，可以要求法院认定该法条的效力，请求法院按法律规定对夫妻共同财产进行分割，以保障自身婚内利益。

第三部分

离 婚 篇

结婚是人生的一种选择，离婚也是。与结婚不同的是，离婚并不仅仅是夫妻二人之间的事，还牵扯到整个家庭。当夫妻面临离婚时，往往伴随着财产分割、孩子抚养权的争夺等一系列问题。如果婚姻不幸出现变故，以至于双方只能解除婚姻关系，那么这时，我们一定要妥善处理相关问题。

如何正确离婚？怎样合法争取正当权益？在本篇中，笔者通过各类不同案例，生动地普及了离婚的相关知识，让我们不仅有进入婚姻的勇气，也有离开的底气，同时以知识为力量，为未来的生活重新寻找方向。

22　离婚冷静期，到底是什么？

小楠与小丘大学时相识恋爱，从校服走到婚纱，两人共同经历了许多风雨。婚后，两人生育了女儿星星，一家三口生活幸福美满，羡煞旁人，小丘与小楠更是大家眼中公认的甜蜜夫妻。

然而，最近两人却因为一盘菜闹起了矛盾，甚至闹起了离婚。

原来，大学毕业后，小丘就进入房地产行业工作，由于工作常需喝酒应酬而伤了胃，之前还因胃出血进过急诊。小丘也因此换了工作，并时刻记得医生叮嘱，今后不能再吃辛辣刺激性食物。

小楠也时刻记得这一点，自那以后，做饭时很少出现辛辣菜肴。近几日，小丘的母亲来小两口这儿探望孙子，并高兴地亲自下厨，做了一盘小丘小时候最喜欢吃的辣子鸡丁。因为怕父母担心，小两口没有提前向父母提起过小丘伤到了胃的事情，用饭期间，小丘的母亲一直热情为儿子夹这道菜，并劝儿子多吃一些。

看着丈夫不忍拒绝母亲吃下辛辣菜肴，小楠起初只是欲言又止，然而当看到丈夫额头都已经开始冒汗，小楠实在忍不住了，于是在饭桌上与婆婆起了一些冲突。

小丘母亲面子上挂不住，第二天就收拾东西回了老家。小丘知道妻子是关心自己，但自己母亲好不容易来一趟，没想到却成了这样，不免埋怨了妻子几句。小楠听到丈夫的埋怨后十分委屈，两人当即大吵一架，第二天双方情绪激动地来到民政局要求离婚。

民政局工作人员了解情况后，让两人填写了离婚申请，并让两人在"离婚冷静期"内好好考虑一下。

《民法典》第一千零七十七条

自婚姻登记机关收到离婚登记申请之日起三十日内，任何一方不愿意离婚的，可以向婚姻登记机关撤回离婚登记申请。

前款规定期限届满后三十日内，双方应当亲自到婚姻登记机关申请发给离婚证；未申请的，视为撤回离婚登记申请。

随着《民法典》的出台，人们也对新规、内容进行了热议，其中"离婚冷静期"无疑是关注度较高的一项。

小楠与小丘感情一直很好，从未提过离婚这种话，因此，一开始工作人员提到"离婚冷静期"时两人都有些不明白，在工作人员的耐心解释下才明白"离婚冷静期"是什么。

根据《民法典》规定，小楠与小丘申请离婚后，有三十日"离婚冷静期"，在这期间，任何一方不愿意离婚的，都可以向婚姻登记机关撤回离婚登记申请。三十日满后，如果两人还是想离婚，就要两人亲自到婚姻登记机关申请发给离婚证，如果两人不去申请，则视为撤回离婚登记申请。

"冷静"期间，小楠与小丘的气只用了几天就消了，小丘明白妻子是关心自己，并为自己的自私向小楠道了歉。小丘的母亲得知情况后，也主动向小楠表示了关心，一家人又恢复了往日的和谐幸福。

最后，两人在 30 日满后，并没有再去申请离婚，两人的离婚申请在第二个 30 日后也自动撤销了。

普法小知识

随着社会观念和经济发展的进步，离婚不再被视为羞耻的事情，但这也导致了离婚率逐年上升，轻率结婚轻率离婚的现象越发严重。为了避免冲动离婚、草率离婚，《民法典》中特意设置了"离婚冷静期"。那么，我们应该怎样认识"离婚冷静期"呢？

（1）离婚自由是我国《民法典》"婚姻篇"的基本原则，不受干涉，不受拘束，不受限制。"离婚冷静期"，针对的只是冲动离婚、草率离婚，是倡导，而不是限制。

（2）需要注意的是，"冷静期"只适用于夫妻双方自愿去民政局协议离婚，而诉讼离婚并没有"冷静期"的规定。

离婚并不仅仅是夫妻二人之间的事，而是一个家庭的事。离婚往往伴随着财产的分割、孩子的抚养权等问题。冲动离婚，会对家庭成员带来情感上的伤害，"离婚冷静期"的设置，不是强制，但在某种程度上，确实能让双方更谨慎、冷静、合理地进行思考，避免夫妻因冲动而离婚，从而更好地维护社会稳定。

23

如果对方
不同意离婚，怎么办？

　　小郑与小静通过媒人介绍认识，双方一见面就互生好感，于是很快就领证结婚了。

　　然而，相处一年之后，小静发现自己与小郑在生活观念上有很大冲突。小静喜欢跟随潮流，爱去音乐会，喜欢浪漫与惊喜。然而小郑却喜欢踏踏实实过日子，对浪漫一窍不通，更不用说陪小静去音乐会了。

　　小静认为双方兴趣完全不同，难以生活到一起，加之一年的时间过去，当初自己与小郑恋爱时的激情也已经消散。于是，小静向小郑提出了离婚，表示自己已经不爱对方，不愿再与小郑在一起了，希望双方今后能找到更适合自己的伴侣。

　　然而小郑却表示双方感情并未破裂，自己很爱小静，死活不同意离婚。

　　双方僵持不下，协商不成，小静于是向法院提起了离婚诉讼。

《民法典》第一千零七十六条

夫妻双方自愿离婚的，应当签订书面离婚协议，并亲自到婚姻登记机关申请离婚登记。

离婚协议应当载明双方自愿离婚的意思表示和对子女抚养、财产以及债务处理等事项协商一致的意见。

《民法典》 第一千零七十九条

夫妻一方要求离婚的，可以由有关组织进行调解或者直接向人民法院提起离婚诉讼。

人民法院审理离婚案件，应当进行调解；如果感情确已破裂，调解无效的，应当准予离婚。

有下列情形之一，调解无效的，应当准予离婚：

（一）重婚或者与他人同居；

（二）实施家庭暴力或者虐待、遗弃家庭成员；

（三）有赌博、吸毒等恶习屡教不改；

（四）因感情不和分居满二年；

（五）其他导致夫妻感情破裂的情形。

一方被宣告失踪，另一方提起离婚诉讼的，应当准予离婚。

经人民法院判决不准离婚后，双方又分居满一年，一方再次提起离婚诉讼的，应当准予离婚。

小静提起离婚诉讼后，人民法院会先进行调解，如果感情确已破裂，调解无效，则人民法院应当准予离婚。

然而，即使被小静告上了法庭，小郑仍旧不愿离婚，法院亦认为小静与小郑感情还有和好可能，因此驳回了小静的离婚诉请。

但小静去意已决，判决后，小郑仍然没能让她回心转意，双方又分居满一年后，小静再次向法院提出离婚诉请。尽管小郑仍旧不同意，但法院认为夫妻双方确实已经没有和好可能，应当认定为感情确已破裂，因此最后判定准予双方离婚。

普法小知识

夫妻关系已经维系不下去，想要离婚，对方却不同意，该怎么办？

（1）离婚有两种方式，协议离婚与诉讼离婚。协议离婚是在双方都能达成一致下才能进行，诉讼离婚则不需要经过对方同意，法院可以直接判决。

（2）司法实践中，有些案件因为缺乏感情破裂的证据，法院在原告第一次提出离婚诉求的时候通常会判决不准予离婚，但若原告第二次起诉离婚，法院则会判决离婚。

　　一方不同意离婚，另一方完全可以向法院提出诉讼离婚，目前在我国，到了法院基本没有离不掉的婚，尤其是《民法典》颁布后，还规定了第一次判决不准离婚之后，双方又分居满一年的，第二次起诉离婚，法院应该判决离婚。因此，若婚姻真的成为了你的束缚，积极起诉，法律一定能够保障你的利益。

24 起诉离婚，
对方不来开庭怎么办？

林芬与刘伟经人介绍认识，两人相恋 3 个月后，觉得情投意合便结婚了。

由于婚前交往时间短暂，两人相互了解并不充分，婚后朝夕相处间，林芬才发现丈夫刘伟喝酒赌博成性。刚结婚时还好，丈夫还未暴露本性，可是婚后才过一两个星期，丈夫便经常夜不归宿，有时回来也是醉醺醺一身酒气。林芬十分后悔当初匆匆结婚，没有多了解刘伟。

结婚两个月后，林芬实在难以忍受刘伟的行径，向刘伟提出离婚，没想到却遭到丈夫殴打。

"我跪在地上向他请求离婚，没想到他掐着我的脖子恐吓我说'如果你敢离婚，你全家都别想活到明天！'。"惊恐之下，林芬不敢再与刘伟发生冲突，并主动搬回娘家。

刘伟对林芬的离开并未关心，也没有采取任何行动，就这样，林芬在娘家一直没有再回去，两人事实分居达两年多。

2022 年 12 月，林芬向法院起诉离婚。

当地法院开庭审理此案，经传票传唤被告刘伟参加开庭，然而开庭当天刘伟却并未现身。在此情况下，法院延期当日庭审，并再次传唤刘伟，遭到刘伟拒绝。

《民事诉讼法》 第一百一十二条

人民法院对必须到庭的被告，经两次传票传唤，无正当理由拒不到庭的，可以拘传。

《民事诉讼法》 第一百四十七条

被告经传票传唤，无正当理由拒不到庭的，或者未经法庭许可中途退庭的，可以缺席判决。

《最高人民法院民一庭涉及婚姻案件处理分析民事（离婚）审判实务问答》第十二条

离婚案件，被告经合法传唤，无正当理由拒不到庭，是否当庭作出离婚判决？

答：因离婚案件必须调解，一方不到庭，法院一般要慎重对待，一般不会作出缺席判决。但对公告送达的案件除外。

根据前述法律规定，刘伟经法院两次传票传唤后仍不出席庭审，法院既可以对其采取拘传，也可以对其判决缺席。而根据《最高人民法院民一庭涉及婚姻案件处理分析民事审判实务问答》第十二条问答原则，当地法院最终采取拘传形式，将刘伟带至法庭进行案件审理。

根据杨芬与刘伟的实际情况，法院认为，杨芬搬离与刘伟的家庭后，刘伟作为丈夫未采取任何措施来挽救婚姻，且双方分居已满两年，感情确实已经破裂，无法调解。根据《民法典》第一千零七十九条规定，法院判决双方离婚。

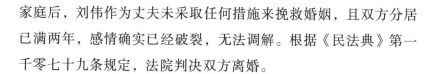

普法小知识

　　起诉离婚，对方不来开庭怎么办？在起诉离婚案件中，这种情况并不少见，当一方念起"拖"字诀时，另一方真的就毫无办法了吗？当然不是。

　　（1）一般来说，在民事案件中，诉讼当事人全权委托了代理人的，本人可以不出庭参加诉讼，但由于离婚案件的特殊性，即夫妻感情是否确已破裂、是否离婚以及财产的分割处理，涉及当事人的人身和财产权益，必须由当事人真实表达意思，法院才好依法处理，而且法院还要进行调解，只有在调解无法和好的情况下才判决。所以，离婚案件除特殊情况外，原则上必须本人出庭。

　　（2）若被告一方拒不出席，那么即便离婚诉讼是关于身份关系的诉讼，但为保障当事人的离婚自由以及正常的诉讼程序，在法院依法传唤之后，仍可以缺席审理。更何况，在依法对被告经两次传票传唤，仍无正当理由拒不到庭的，法院可以拘传。

　　我们要知道，夫妻感情是维系婚姻的基础，夫妻感情彻底破裂是准予离婚的前提条件。因此，如果你因婚内权益受损迫切需要与对方离婚，只要能充分举证夫妻感情彻底破裂，即使对方念起"拖"字诀，不来出庭，法院也能帮助我们捍卫权益。

25　妻子怀孕期间，夫妻双方都能提出离婚吗？

小雪与丈夫小文通过相亲结婚，婚后三个月，小雪怀孕。然而就在此时，小文却发现妻子有一个一直联系的前男友，因妻子家中反对两人在一起，小雪才不得不与对方分开，各自婚嫁，然而，两人实际上一直在私底下保持着联系。

被小文发现此事后，小雪承认了事实，并向小文表示今后不会再与对方来往。尽管如此，怀疑的种子还是已经种下，此后，小文经常对妻子冷嘲热讽、爱答不理，双方感情越来越冷淡。某天，小雪在家摔倒，情急之下联系上前男友将其送去医院，小文事后火冒三丈，将小雪起诉至法院要求离婚。

由于没有证据证明小雪有实际出轨行为，且本着保护孕期妇女的原则，法院以"女方在怀孕期间男方不得提出离婚"为由驳回了小文的诉请。

离婚不成，一肚子怨气的小文对小雪态度更差，甚至开始光明正大出轨，小雪提出抗议，甚至遭到小文家暴。不堪忍受小文的精神折磨和家庭暴力，尽管怀孕已有数月，小雪还是主动向法院起诉离婚。

《民法典》第一千零七十九条

夫妻一方要求离婚的，可以由有关组织进行调解或者直接向人民法院提起离婚诉讼。

人民法院审理离婚案件，应当进行调解；如果感情确已破裂，调解无效的，应当准予离婚。

有下列情形之一，调解无效的，应当准予离婚：

（一）重婚或者与他人同居；

（二）实施家庭暴力或者虐待、遗弃家庭成员；

（三）有赌博、吸毒等恶习屡教不改；

（四）因感情不和分居满二年；

（五）其他导致夫妻感情破裂的情形。

一方被宣告失踪，另一方提起离婚诉讼的，应当准予离婚。

经人民法院判决不准离婚后，双方又分居满一年，一方再次提起离婚诉讼的，应当准予离婚。

《民法典》第一千零八十二条

女方在怀孕期间、分娩后一年内或者终止妊娠后六个月内，男方不得提出离婚；但是，女方提出离婚或者人民法院认为确有必要受理男方离婚请求的除外。

根据最高法《民法典》可知，夫妻一方要求离婚的，可以由有关组织进行调解或者直接向人民法院提起离婚诉讼。

小文与小雪都有诉讼离婚的权利，但是，根据《民法典》第一千零八十二条规定，"女方在怀孕期间、分娩后一年内或者终止妊娠后六个月内，男方不得提出离婚；但是，女方提出离婚或者人民法院认为确有必要受理男方离婚请求的除外"。因此小文第一次提出离婚，才会遭到法院驳回。

在第二次小雪提出离婚时，法院根据情况开始进行调解，然而小文却不知悔改，且小雪亦无法再忍受小文的精神折磨和家庭暴力，双方都坚持要离婚。

随后，法院认为，小文与小雪夫妻感情确已破裂，小雪自愿放弃法律的特殊保护，说明其对离婚已有思想准备；同时小文存在家暴出轨行为，不知悔改，继续维持两人的婚姻关系可能对小雪和胎儿造成重大不利。因此，法院最终支持了小雪的离婚诉请。

普法小知识

在我国，考虑到孕期、产期、哺乳期的女方生理较为虚弱，心理较不稳定，一旦离婚将对女性、胎儿及幼儿产生重大影响，妇女儿童权益难以受到保护，因此《民法典》第一千零八十二条通过明确设立"孕期间、分娩后一年内或者终止妊娠后六个月内，男方不得提出离婚"的规定，从立法层面为特殊时期的妇女保驾护航。

而女方在此期间提出离婚则不受本条文限制。因本条文法律规定的目的在于保护妇女、胎儿、幼儿的权益。在实务中，女方在此期间提出离婚，往往都是出于某种紧迫的原因，而且本人对离婚及后果已有思想准备，如不及时受理，可能更加不利于对孕、产妇和胎、幼儿的保护。

不过我们要注意的是，在此特定时间之外，男方仍可依法行使离婚请求权。本条文只是推迟了男方提出离婚的时间，并未违反婚姻自由原则，也未剥夺男方的离婚请求权，也不涉及准予或不准予离婚的实质性问题。因此，在上述期间内，如男女双方自愿协商离婚也应准许。

26　夫妻生活习惯不和要求离婚，法院会判离婚吗？

　　珍珍与小翔经媒人介绍认识，两人很快就互相产生好感，交往一段时间后就领证结婚了。由于两人婚前并未同居、深入了解过，婚后，珍珍才发现丈夫小翔有严重的"脚气"，每次脱鞋之后，整个房间都会弥漫着一股异味，这可让爱干净的珍珍受尽了"折磨"。

　　珍珍委婉地向丈夫表示，希望小翔能将鞋子脱在门外再进门，回家后也先去冲个脚后再回客厅。一开始丈夫满口答应，也积极照做，然而随着时间一长，每次下班后本来就累极的小翔哪还有时间管这些，回到家后就倒进沙发，压根顾不得珍珍说过的话了。

　　而此时的珍珍再向小翔提示时，小翔只觉得珍珍小题大做、唠叨烦人，于是两人经常为此闹得意见不合，发生冷战。

　　婚后一年多，不厌其烦的珍珍终于爆发。两人大吵一架之后，珍珍只想赶紧结束这段"难以忍受"的婚姻，转身便向当地法院起诉离婚。

《民法典》 第一千零七十九条

夫妻一方要求离婚的，可以由有关组织进行调解或者直接向人民法院提起离婚诉讼。人民法院审理离婚案件，应当进行调解；如果感情确已破裂，调解无效的，应当准予离婚。

有下列情形之一，调解无效的，应当准予离婚：

（一）重婚或者与他人同居；

（二）实施家庭暴力或者虐待、遗弃家庭成员；

（三）有赌博、吸毒等恶习屡教不改；

（四）因感情不和分居满二年；

（五）其他导致夫妻感情破裂的情形。

一方被宣告失踪，另一方提起离婚诉讼的，应当准予离婚。

经人民法院判决不准离婚后，双方又分居满一年，一方再次提起离婚诉讼的，应当准予离婚。

根据《民法典》规定，诉讼离婚，法院应当先进行调解，有法条规定的情形以及夫妻感情确已破裂，调解无效的，才应准予离婚。

因此，珍珍即使打官司要求离婚，法院也会先进行调解，只有确定珍珍与小翔夫妻感情彻底破裂或两人婚姻中有符合离婚条件时，调解实在无效，法院才会判决离婚。

针对珍珍与小翔的情况，法院认为，婚姻生活难免会出现矛盾和摩擦，夫妻之间应有必要的包容和忍让，且脚气是可以治愈的小毛病，仅为此事提出离婚并不足以确认夫妻感情已破裂，因此判决珍珍与小翔二人不准离婚。

在法院的调解下，最终夫妻二人也认识到了彼此之间没有特别尖锐的矛盾，感情也并没有到达破裂的地步，所以愿意再给彼此一个机会，不离婚。

普法小知识

只要起诉离婚，打起官司，就一定能离婚成功吗？

（1）在实际生活中，如果家庭中只是夫妻之间经常吵架拌嘴，或是彼此之间不能相互理解，在性格、生活习惯等方面差异太大等，在这样的情形下，一方起诉到法院要求离婚，法院一般都不会判决离婚。

（2）依据相关法律法规规定，起诉离婚能否成功离婚的关键在于夫妻双方感情是否破裂，如果感情确已破裂并且调解无效的法院才会依法判决准予离婚。

所以，不是起诉离婚就一定会成功的，人民法院判决是否离婚，一般都是从维护家庭稳定、促进社会和谐的大原则考虑，所以对于判决离婚的案件，都会比较谨慎。况且，现行相关法律明确规定，只有确认夫妻感情确已经破裂，调解无效，法院才会判决离婚。

27 因婆媳关系引起的离婚纠纷，法院会判离婚吗？

小媛与小冯是一对在城市打拼的小夫妻，两人结婚后，不久就生育了女儿欣欣。

由于两人都需要上班，工作繁忙，难以分出精力照顾女儿，因此夫妻俩将婆婆接来城市一同居住，让婆婆帮忙照顾孩子。哪知正是这一举动，最终导致夫妻俩婚姻发生危机，甚至闹到了离婚的地步。

婆婆过来之后，婆媳矛盾就开始了。老一辈人生活观念陈旧，生活节俭，看不惯小媛总给孩子买衣服、玩具，每次都当着小媛的面，数落小媛："孩子的衣服够穿就行了，孩子转眼就长高一截，很多都来不及穿孩子就穿不了了，你买那么多干什么？"

时间一长，婆婆开始对自己的儿子抱怨小媛花钱大手大脚，不会过日子，让小冯好好管管小媛的"坏习惯"。

除了这些琐事外，婆婆也看不惯小媛下班太晚，指责小媛不顾家。日子越久，婆婆对小媛越来越不满，后来甚至开始在家中挑事，慢慢地，小冯也对小媛产生了意见，夫妻俩的关系也越来越疏远。

在婆婆的挑拨下，夫妻二人开始隔三岔五吵架，小媛实在忍受不了了，只得打起官司，向法院起诉要求与小冯离婚。

《民法典》 第一千零七十九条

夫妻一方要求离婚的，可以由有关组织进行调解或者直接向人民法院提起离婚诉讼。

人民法院审理离婚案件，应当进行调解；如果感情确已破裂，调解无效的，应当准予离婚。

有下列情形之一，调解无效的，应当准予离婚：

（一）重婚或者与他人同居；

（二）实施家庭暴力或者虐待、遗弃家庭成员；

（三）有赌博、吸毒等恶习屡教不改；

（四）因感情不和分居满二年；

（五）其他导致夫妻感情破裂的情形。

一方被宣告失踪，另一方提起离婚诉讼的，应当准予离婚。

经人民法院判决不准离婚后，双方又分居满一年，一方再次提起离婚诉讼的，应当准予离婚。

由上述法条可知，夫妻一方起诉要求离婚的，只有在几项特殊条件下调解无效的，法院才会准予离婚，而婆媳矛盾并不属于法院准予离婚的依据。

本案中，小媛深受婆媳关系困扰，因婆婆而与丈夫关系紧张，所以才闹起了离婚。

法院从各方入手，首先对小冯进行了批评教育，指出其在家庭矛盾中的不作为，在妻子与母亲产生矛盾的时候，没有积极采取调和的措施，没有承担婚姻中必要的责任。

同时，法院也对小媛与其婆婆分别展开教育，让双方明白在家庭生活中，一定要相亲相爱，才能维持家庭的和谐与美满。在法官的劝解下，夫妻二人敞开心扉，婆媳双方也互相体谅，小冯一家的家庭关系得到了极大好转。

经过调解，法院认为，小媛与小冯夫妻感情仍有和好的可能，且婆媳矛盾并不是判决离婚的依据，因此判决两人不准离婚。

判决生效后，小媛也没有再上诉离婚。

普法小知识

为了维护婚姻家庭稳定，我国法律一般不会仅以婆媳矛盾为由判决夫妻离婚，法院判决离婚的根本标准是"夫妻感情是否确已破裂"。

由于我国的家庭传统习俗、孝道观念等影响，加之婆媳之间的年龄差距、生活习惯、教育观念等差异，导致婆媳之间很容易产生矛盾，从而影响夫妻关系。但是，婚姻不只是两个人的结合，更是两个家庭的融合。若想要维系一段美好的婚姻，不仅需要夫妻之间相亲相爱，还需要其他家庭成员，尤其是婆媳之间的相互体谅、理解和包容。

因此，若没有过于重大的矛盾，家庭成员间可以好好沟通，坐下来真诚交流，和和美美过好家庭生活。当然，若你因婆媳矛盾受尽了委屈，夫妻关系确已因此破裂，也请拿起法律武器，维护自己的权益。

28 被家暴了，可以离婚吗？

王静与李康是一对结婚多年的夫妻，婚后育有一子一女。两人一开始有过甜蜜幸福的日子，但好景不长，自从李康生意失败后，他就再也没有出去工作过，一直在家郁郁不振，满腹牢骚，这样持续几年后，李康甚至逐渐出现暴力倾向。

王静一边工作，一边料理家里的所有琐事，感到身心俱疲，不经意会偶尔抱怨两句，李康一开始只与王静争执辱骂，后来逐渐发展为动手殴打。亲戚朋友得知此事后，都对李康进行了劝说，然而他不但没有改正，还变本加厉，后来甚至只要自己不顺心就开始殴打王静。

他的暴力行为日益严重，后来还当着孩子的面将王静踹倒在地，若孩子们上前制止的话，他甚至还殴打孩子。王静忍无可忍，提出了离婚，但李康不仅拒绝，还以暴力威胁王静不准离婚。

王静身心俱疲，再一次被家暴受伤住院后，选择了报警，警方对李康进行了批评教育，并作出告诫书。有了警方的干预，王静对提出离婚也有了底气，遂向法院起诉离婚。

《反家庭暴力法》 第二条

本法所称家庭暴力，是指家庭成员之间以殴打、捆绑、残害、限制人身自由以及经常性谩骂、恐吓等方式实施的身体、精神等侵害行为。

《反家庭暴力法》 第三条

家庭成员之间应当互相帮助，互相关爱，和睦相处，履行家庭义务。

反家庭暴力是国家、社会和每个家庭的共同责任。

国家禁止任何形式的家庭暴力。

《民法典》 第一千零七十九条

夫妻一方要求离婚的，可以由有关组织进行调解或者直接向人民法院提起离婚诉讼。

人民法院审理离婚案件，应当进行调解；如果感情确已破裂，调解无效的，应当准予离婚。

有下列情形之一，调解无效的，应当准予离婚：

（一）重婚或者与他人同居；

（二）实施家庭暴力或者虐待、遗弃家庭成员；

（三）有赌博、吸毒等恶习屡教不改；

（四）因感情不和分居满二年；

（五）其他导致夫妻感情破裂的情形。

一方被宣告失踪，另一方提起离婚诉讼的，应当准予离婚。

经人民法院判决不准离婚后，双方又分居满一年，一方再次提起离婚诉讼的，应当准予离婚。

《民法典》 第一千零九十一条

有下列情形之一，导致离婚的，无过错方有权请求损害赔偿：

（一）重婚；

（二）与他人同居；

（三）实施家庭暴力；

（四）虐待、遗弃家庭成员；

（五）有其他重大过错。

根据《民法典》第一千零七十九条可知，婚姻中有实施家庭暴力或者虐待、遗弃家庭成员的情形，夫妻一方提出离婚，法院应准予离婚。

在法庭上，王静要求与李康离婚，李康不同意，并辩称这是自己的家务事，自己与王静只是夫妻间闹矛盾，不算家暴。

随后，王静提交了相关伤情认定与住院证明，同时还出具了警方作出的告诫书。在一份份证据面前，李康再也无法抵赖，只得承认自己确实有家暴行为。

最后，法院判决王静与李康离婚，并判决李康向王静赔偿。

普法小知识

在我国，受"家丑不外扬""宁折十座庙，不毁一桩婚"等思想的影响，无论是婚姻中的当事人，还是婚姻外的亲戚朋友抑或旁观者，面对家暴时，都会保持隐忍态度，以维持婚姻稳定。

但是，家暴不是家丑，家庭暴力，只有零次和无数次的区别，无论是为人妻还是为人夫，拥有自己的合法权益，在生命健康权受到侵犯时，我们都可以拿起法律的武器惩治伤害自己的人。因此，遭遇家暴，应勇敢起诉离婚：

（1）遭遇家暴时，要注意保留自己被家暴的证据，视频、录音、伤情照片、就医证明、报警记录等都可以作为证据。

（2）家暴本身就是违法行为，家暴方属于过错方。因此，如果起诉离婚，我们还可以根据《民法典》第一千零九十一条，作为无过错方请求损害赔偿。

29 分居两年，能自动离婚吗？

小周和小婉经人介绍结婚，双方感情较为平淡，婚后，两人生育了儿子枫枫。

为了给孩子更精心的照顾，小周将自己的父母接到了家中，两代人不同的生活习惯和育儿观，导致家里矛盾不断。小周难以忍受家中争吵，借公司人事调动的机会，主动要求调去国外工作3年，夫妻就此分居。

到了国外，小周认识了当地女生 Cindy，两人一见钟情，打得火热，完全忘记了自己在国内的妻子与儿子。

因为与公婆关系不好，小婉早已不与公婆居住了，丈夫不在的几年里，小婉一直一个人在国内照顾着孩子。

3年后，小周回国，为了能与 Cindy 结婚，一回国，小周便向小婉提出了离婚。

对于丈夫去国外后的音信全无，小婉早有怨言，得知丈夫提出离婚的原因是因为 Cindy，小婉又气又怒，尽管对丈夫感情不深，但为了不让丈夫"这么轻易得逞"，小婉不肯松口离婚。但小周提出："双方分居已经超过两年，早就自动离婚了！"

《民法典》 第一千零七十九条

夫妻一方要求离婚的，可以由有关组织进行调解或者直接向人民法院提起离婚诉讼。人民法院审理离婚案件，应当进行调解；如果感情确已破裂，调解无效的，应当准予离婚。

有下列情形之一，调解无效的，应当准予离婚：

（一）重婚或者与他人同居；

（二）实施家庭暴力或者虐待、遗弃家庭成员；

（三）有赌博、吸毒等恶习屡教不改；

（四）因感情不和分居满二年；

（五）其他导致夫妻感情破裂的情形。

一方被宣告失踪，另一方提起离婚诉讼的，应当准予离婚。

经人民法院判决不准离婚后，双方又分居满一年，一方再次提起离婚诉讼的，应当准予离婚。

在我国，没有自动离婚这一说法。婚姻关系解除的方式有两种，一是协议离婚，到民政部门办离婚登记；二是到法院诉讼离婚。

所以无论分居多长时间，婚姻关系都不会自动解除，离婚必须通过相应的法律途径。

因此小周提出的"自动离婚"的说法是不对的。

如果小周想与小婉离婚，双方可以协议离婚，协议不成，则可以诉讼离婚。

而由上述法律规定我们可以知道，小周如果提起诉讼离婚，那么根据《民法典》规定，夫妻间因感情不和分居满二年的，经法院调解无效，应准予离婚。

同时，小婉也可以先发制人，向法院起诉与小周离婚，主张获得孩子的抚养权，同时请求多分割夫妻共同财产。

普法小知识

在我国，没有自动离婚这一说法。婚姻关系解除的方式只有两种，一是协议离婚，经民政部门办离婚登记；二是到法院诉讼离婚。而以"分居两年"的理由诉讼离婚的，必须符合以下条件：

（1）必须是因感情不和而分居。夫妻分居，有客观原因造成的、感情不和造成的，以及双方自愿协议分居的等多种情况。比如，夫妻分别在两地工作，因相隔遥远而没有同居条件，或一方在外面打工无法同居的。这种分居，并不是因感情不和而造成的，即使分居的时间再长，也不符合"因感情不和而分居"的法定应准予离婚的情形。

（2）分居必须是连续的，且已满两年。首先，从夫妻实际分居的第二日算起，到向法院提起离婚诉讼时为止，时间必须满两年。其次，分居必须是持续的，分居时间必须连续计算。

（3）"夫妻分居满两年"须有证据证明。诉讼的关键是证据，法庭认定必须要靠证据的支持。

30 判决不准离婚，多久之后可以再次起诉呢？

张秀与丈夫吴宏结婚已经 15 年了，婚后两人教子养老，相互体谅，日子过得很平静。

然而，年初，吴宏的父亲因年事已高，在家中不慎摔倒，从此偏瘫在床，夫妻二人的赡养压力一下加大，开始整日为老人的医药费奔忙。

面对老人医药费的压力，丈夫开始思考是否出售两年前买的学区房，并试探性地向妻子张秀商议此事。

谁知张秀听到丈夫的这一想法后，死活不同意。张秀认为学区房是给孩子上学准备的，现在孩子正准备上初中，绝对不能出售这套房子。

吴宏听到妻子这样说，不免心寒。见丈夫卖房决心很大，张秀提出离婚，这之后起诉到法院，要求与吴宏离婚。然而，法院却以夫妻二人感情尚未破裂，还有和好的可能，驳回了张秀的离婚请求。

之后，张秀与吴宏仍旧为此事争执不休，张秀也特别担心丈夫在此期间私自卖掉学区房，因此不出一个月，又向法院提起了离婚诉讼，没想到法院却以没到六个月为由，对张秀的诉请不予受理。

《民事诉讼法》 第一百二十七条 第（七）项

判决不准离婚和调解和好的离婚案件，判决、调解维持收养关系的案件，没有新情况、新理由，原告在六个月内又起诉的，不予受理。

《民法典》 第一千零六十六条

婚姻关系存续期间，有下列情形之一的，夫妻一方可以向人民法院请求分割共同财产：

（一）一方有隐藏、转移、变卖、毁损、挥霍夫妻共同财产或者伪造夫妻共同债务等严重损害夫妻共同财产利益的行为；

（二）一方负有法定扶养义务的人患重大疾病需要医治，另一方不同意支付相关医疗费用。

根据《民事诉讼法》第一百二十七条第（七）项可知："判决不准离婚和调解和好的离婚案件，判决、调解维持收养关系的案件，没有新情况、新理由，原告在六个月内又起诉的，不予受理。"

因此，张秀第一次提起离婚诉讼，法院判决不准离婚后，如果没有新理由、新情况，那么张秀只能六个月以后才能再次起诉。

而根据《民法典》第一千零六十六条规定，若夫妻一方有隐藏、转移、变卖、毁损、挥霍夫妻共同财产或者伪造夫妻共同债务等严重损害夫妻共同财产利益的行为时，另一方可主张分割婚内财产。

因此，如果在六个月内，丈夫吴宏确实做出了私自出售房子的行为，张秀可以此为由请求分割婚内财产，或以此为新理由再次提起离婚诉讼，此时便不会有六个月的期限限制。

普法小知识

通常情况下，法律为保护当事人的合法权益，避免发生重复诉讼，规定法院在对案件作出判决后，当事人不得就同一事实、同一案由再次向法院起诉。这项规定并非剥夺了当事人提起诉讼的权利，而只是对当事人的诉讼权利作出一定的限制，以免当事人滥用诉讼权利，浪费司法资源。

但是，婚姻案件属于例外情形。为了维护社会稳定，促进社会和谐，法律特别规定了第一次起诉离婚后，六个月内不得再次起诉的限定。这个规定，旨在赋予婚姻修复期足够的考验时间。但如果在这六个月内有新情况、新理由出现的，则不受此期限限制。

31 离婚协议是不是签了字就有效?

小商与妻子小黎从小是青梅竹马,两人在高中时就谈起了恋爱,成年后,双方在父母的操办下步入了婚姻殿堂。

然而,婚后,曾经的风花雪月都变成了柴米油盐与家庭琐事,仅仅半年时间,两人因家庭琐事频繁发生冲突,基本是三天一小吵五天一大吵,两人都觉得筋疲力尽。

某天,两个人又发生争吵,小黎一气之下提出离婚,小商也怒气冲冲地同意了,于是两人当下就签署了离婚协议,并约好两个星期后到民政局办理离婚手续。

签完协议当晚,小商翻来覆去,难以入眠,躺在床上,小商回想起两个人从小到大相处时的一幕幕美好画面,也想起了小黎从结婚后就为自己辞去了工作专心照顾自己、照顾家庭,想起过去的美好与妻子的不容易,小商后悔了……

他想挽回这段婚姻,但是《离婚协议》已经签署了。

《民法典》 第一千零七十六条

夫妻双方自愿离婚的，应当签订书面离婚协议，并亲自到婚姻登记机关申请离婚登记。

离婚协议应当载明双方自愿离婚的意思表示和对子女抚养、财产以及债务处理等事项协商一致的意见。

眼看着马上就要到办理离婚手续的日子了，小商赶紧联系了钟云郗律师，将自己的情况详细坦白，询问是否还能反悔。

在钟律师的分析下，小商了解到，根据《民法典》的规定，夫妻双方自愿离婚的，签订《离婚协议》后，还要亲自到婚姻登记机关申请离婚登记。在未到民政局办理离婚登记手续情况下，《离婚协议》签字后不会立刻发生法律效力。

明白这些后，小商赶紧去向妻子道歉，并主动反省自身，改掉了自己婚姻中不好的习惯，以实际行动来向妻子表达自己维护婚姻的决心。

小黎与小商本来感情基础就很深厚，尽管两人婚姻中摩擦不断，但两人的婚姻也有很多美好，提起离婚也是冲动之举，看到丈夫主动反省，为自己改变，小黎也向小商主动道了歉，夫妻两人重归于好。

普法小知识

原本恩爱的夫妻常因为鸡毛蒜皮的小事争吵，然后冲动之下提出离婚，甚至签下《离婚协议》，而冷静下来反复思考后，又会发现曾经的美好。这时，后悔是否还有用呢？我们要明白：

（1）《离婚协议》属于附生效条件的协议。《离婚协议》是当事人平等协商的结果，以解除婚姻关系为先决条件。所以，《离婚协议》并不是自双方签字之日起生效，而是以双方到婚姻登记机关领取离婚证后，才视为所附的条件已成就，当事人签署的《离婚协议》也因此而生效。

（2）经过公证的《离婚协议》在性质上也属于附生效条件（办理离婚登记）的协议，即便办了公证，也要在完成离婚登记后才生效。

32 家庭主妇离婚，
能够得到补偿吗？

小美与大雄经人介绍相识结婚。婚后，两人生育了一对儿女。

由于大雄父母过世很早，没有公公婆婆帮忙照顾孩子，因此，在生下第一个孩子的时候，小美就辞去了工作，成了一位全职家庭主妇，多年来，一直照料着家庭。

由于小美一直专心在家操持家务，而丈夫一直在外工作晋升，渐渐地，小美与丈夫越来越疏远，慢慢没有共同话题，频繁因日常琐事起争执，感情逐渐冷淡。

一个月前，小美与大雄再次争吵发生激烈冲突，小美再也忍受不了这种"自身价值得不到认可"的生活，于是向法院提起离婚诉讼，并要求丈夫大雄对自己多年来的家务劳动进行补偿。

《民法典》 第一千零八十八条

　　夫妻一方因抚育子女、照料老年人、协助另一方工作等负担较多义务的，离婚时有权向另一方请求补偿，另一方应当给予补偿。具体办法由双方协议；协议不成的，由人民法院判决。

　　根据《民法典》规定，夫妻一方因抚育子女、照料老年人、协助另一方工作等负担较多义务的，离婚时有权向另一方请求补偿，另一方应当给予补偿。

　　对于小美提出的离婚要求，大雄表示认可，并确认了两人对子女抚养和共同财产的分割，但不同意小美提出的补偿要求。

　　大雄认为，自己一直负责在外赚钱养家，妻子在家劳务，双方共同为家庭尽义务，不存在小美付出比自己多的情况，因此完全不存在需补偿小美的说法。

　　双方就此僵持不下。

最终，法院根据实际情况认定，小美多年来作为家庭主妇照料家庭、抚育子女，负担较多义务，判决丈夫大雄向小美给付经济补偿。在具体金额上，法院根据大雄的财产状况、工资收入等，酌定给付小美经济补偿款 5 万元。

普法小知识

　　现实生活中，妻子一方因抚育子女、照料老年人、协助另一方工作等负担较多的家庭义务，牺牲自我发展机会，一旦夫妻离婚，负担了更多家庭义务的妻子多会因缺乏工作能力、没有经济来源而面临生活困境。

　　针对这种情形，我国法律积极采取措施对妇女权益进行保护。家务劳动价值受法律认可。如果妻子因抚育子女、照料老年人等负担较多的家庭义务，离婚时，有权依据《民法典》第一百八十八条的规定，向对方提出相应经济补偿。

　　而作为离婚一方的男性，也应当考虑妻子的付出，对女性主动作出补偿，不能认为自己对家庭财产贡献较大、妻子没有收入，就拒绝在财产分割上对妻子作出补偿。

33　无过错方可以在离婚时多分共同财产吗?

　　任红与丈夫杨恒是自由恋爱结婚，婚后感情尚好，但婚后 5 年来两人一直没有生育孩子。

　　由于丈夫杨恒工作性质较为特殊，导致两人聚少离多，任红原本以为只是因为工作原因丈夫才没有要孩子的打算。然而，就在今年 2 月，任红意外发现，丈夫早在两年前就已出轨，并且还与出轨对象共同生育了一个儿子。

惊愕痛苦之余，任红开始搜集丈夫的出轨证据。

搜集完后，任红立即向法院提出了离婚诉请，并要求自己作为无过错方多分夫妻共同财产。

《民法典》第一千零四十三条

家庭应当树立优良家风，弘扬家庭美德，重视家庭文明建设。

夫妻应当互相忠实，互相尊重，互相关爱；家庭成员应当敬老爱幼，互相帮助，维护平等、和睦、文明的婚姻家庭关系。

《民法典》第一千零八十七条

离婚时，夫妻的共同财产由双方协议处理；协议不成的，由人民法院根据财产的具体情况，按照照顾子女、女方和无过错方权益的原则判决。

对夫或者妻在家庭土地承包经营中享有的权益等，应当依法予以保护。

《民法典》 第一千零九十一条

有下列情形之一，导致离婚的，无过错方有权请求损害赔偿：

（一）重婚；

（二）与他人同居；

（三）实施家庭暴力；

（四）虐待、遗弃家庭成员；

（五）有其他重大过错。

我国《民法典》规定，夫妻之间应当互相忠实、互相尊重、互相关爱，维护和睦、文明的婚姻家庭关系。"出轨"属于违反夫妻忠实义务的行为，对婚姻无过错方以及整个家庭造成较大伤害，不仅应予道德上的谴责，还应承担相应的法律后果。

在法庭上，刚开始杨恒还激烈叫嚣自己并未出轨，然而在任红拿出的大量证据面前，杨恒不得不承认自己出轨的事实。

法院认为，丈夫杨恒在夫妻关系存续期间出轨，并与他人生育一子，在婚姻中有明显过错，按照《民法典》第一千零八十七条"照顾子女、女方和无过错方权益的原则"，对任红要求多分夫妻共同财产的诉请予以支持。

最终法院判定：1. 准予任红与杨恒离婚；2. 杨恒分得夫妻共同财产的 40%，任红分得夫妻共同财产的 60%。

普法小知识

　　在婚姻中遭遇对方出轨、家暴等行为，作为无过错方，在离婚时是否可以多分财产，根据《民法典》相关法条规定，我们可以认识到以下几点：

　　（1）法律并未规定离婚时无过错方可以多分财产。《民法典》规定，离婚时，夫妻的共同财产由双方协议处理，协议不成时，再由人民法院根据财产的具体情况以及照顾子女、女方和无过错方权益的原则判决。因此，实际分割中不一定能多分。但是作为无过错方，若想多分财产，与另一方协议不成，完全可以向法院提出多分财产的诉请，法院一般会根据照顾无过错方权益的原则进行判决。

　　（2）其次，除了可以诉请多分夫妻共同财产外，无过错方还有权请求损害赔偿。

34 离婚时，夫妻双方对财产价值有争议，怎么办？

刘先生与张女士在 2019 年经当地媒人介绍结婚，婚后，两人在双方父母的支持下在县中心买下了一套房。

由于夫妻二人是由媒人介绍结婚，因此双方感情并不深厚，加之婚后发现双方志趣、爱好、生活习惯等各方面都不太合拍，经过 4 年，两人的婚姻最终还是走到了尽头。

双方于 2022 年年底商议离婚，然而在夫妻共同财产的分割上，双方各执一词，协议不成，闹上法庭。

刘先生与张女士争议的点就在于夫妻共有的房屋价值上。夫妻二人于 2019 年买下此套房，当时房屋售价为 34 万元，刘先生认为，随着房价的上涨，目前此套房子价值应该已达到 50 万元，要求按 50 万元的价值对半分割。然而，张女士却表示不熟悉市场行情无法确定房屋价值，害怕丈夫对自己有所欺骗诱导。

　　根据上述法律规定及实务问答可知，双方对财产价值有争议的，可通过协商、竞价、作价、评估、拍卖等方式确定财产价值，不是必须委托中介机构评估。

　　实务中，对于夫妻共同财产价值如何确定争议较大的，法院一般会考虑委托中介机构评估，通过摇珠方式确定房产评估机构，由评估机构为房产出具评估报告，最终以评估报告的价值作为分割依据。

　　而在本案中，刘先生与张女士只为一处房屋价值产生争执，且2022年刘先生与张女士所在县的商品房市场均价为45万～55万元，刘先生的估值基本符合市场行情。

　　考虑到委托中介机构评估必然会发生的时间延长、费用增加等弊端，且鉴定结果也会与众所周知的市场价值不差上下，因此，本案中法院未动员当事人委托中介机构评估，而是结合房屋购买时单价、房屋成新度、当事人自认的数额、房屋所在地市场行情等因素进行评估，张女士对当地房产市场了解后，也同意了作价50万元。法院据此作出了裁判，夫妻二人以50万元的价值共同分割了这一房产。

普法小知识

　　选择诉讼离婚时，若无法确定财产价值，需要委托中介机构来评估吗？我们需要认识到以下几点：

　　（1）离婚案件中分割夫妻共有财产，如果双方对财产价值有争议，一般会在法院的主持下，通过摇珠方式确定房产评估机构，由评估机构为房产出具评估报告，最终以评估报告的价值作为分割依据。但不能说只要一有争议，就必须委托中介机构确定。

（2）如果一方当事人确认的财产价值与市场实际情况大体相当，法院可以据此直接确认财产价值，而无须委托中介机构评估。

（3）此外，离婚诉讼中，双方对财产价值有争议的，也可通过协商、竞价、评估、拍卖等形式确定财产价值，不是必须委托中介机构评估。

因此，离婚诉讼中若难以确定夫妻共同财产价值，当然可以委托中介机构进行评估。但我们要注意的是，委托中介机构评估并不是唯一的办法，甚至委托中介机构评估因需要支付一笔不菲的评估费用，且往往耗时较长，一般是一种效率较差的方法。

35 离婚时约定将房产赠与子女的条款可以撤销吗？

何女士与魏先生曾经为夫妻关系，两人婚后生育了女儿萱萱。

后由于夫妻感情不和，双方于 2010 年起诉离婚，经法院主持调解，双方达成离婚协议，法院据此作出民事调解书，调解书中载明："何××与魏××自愿离婚……夫妻共有的一套房产先归魏××所有，魏××承诺在 2023 年 5 月 1 日前赠与女儿魏萱，如未经魏萱允许私自出让，则魏××自愿向女儿魏萱一次性支付两倍出让金。"

离婚后，魏先生又与他人结婚，因经济条件恶化，魏先生决定撤销对女儿魏萱的房产赠与，并于 2022 年私自将房产以 80 万元的价格出售给了第三人。魏萱得知情况后，诉至法院，要求魏先生向其支付 160 万元的房屋转让款。

《民法典》 第六百五十八条

赠与人在赠与财产的权利转移之前可以撤销赠与。

经过公证的赠与合同或者依法不得撤销的具有救灾、扶贫、助残等公益、道德义务性质的赠与合同，不适用前款规定。

《民法典》 第一千零七十六条

夫妻双方自愿离婚的，应当签订书面离婚协议，并亲自到婚姻登记机关申请离婚登记。

离婚协议应当载明双方自愿离婚的意思表示和对子女抚养、财产以及债务处理等事项协商一致的意见。

《婚姻家庭编司法解释（一）》 第六十九条

当事人达成的以协议离婚或者到人民法院调解离婚为条件的财产以及债务处理协议，如果双方离婚未成，一方在离婚诉讼中反悔的，人民法院应当认定该财产以及债务处理协议没有生效，并根据实际情况依照《民法典》第一千零八十七条和第一千零八十九条的规定判决。

当事人依照《民法典》第一千零七十六条签订的离婚协议中关于财产以及债务处理的条款，对男女双方具有法律约束力。登记离婚后当事人因履行上述协议发生纠纷提起诉讼的，人民法院应当受理。

《婚姻家庭编司法解释（一）》 第七十条

夫妻双方协议离婚后就财产分割问题反悔，请求撤销财产分割协议的，人民法院应当受理。

人民法院审理后，未发现订立财产分割协议时存在欺诈、胁迫等情形的，应当依法驳回当事人的诉讼请求。

在法庭上，魏萱首先出示了何女士与魏先生 2010 年由法院作出的民事调解书，要求魏先生按照协议赔付 160 万元转让款。

而魏先生则表示，赠与人在赠与的房产过户之前可以撤销赠与，案涉房屋一直登记在自己名下，尚未过户给魏萱，也没有交付其占有使用，因此自己撤销房屋的赠与是符合法律规定的。

法庭审理认为，离婚协议中将财产赠与子女的约定，并不是一般的赠与合同，本案中将房屋赠与女儿魏萱的约定，实质上是魏先生为达成协议离婚而承诺履行的义务，而离婚协议是夫妻双方对涉及人身关系、财产事项等内容协商一致后达成的协议，赠与条款与协议其他内容不可分割，因此不能单独适用《民法典》关于赠与的相关规定。

同时，魏先生与何女士签订的"离婚协议书"为双方当事人的真实意思表示，不存在欺诈、胁迫等事由，是合法有效的。

法院认为，该案应适用最高法《婚姻家庭编司法解释（一）》第六十九条的规定，判定魏先生不得撤销赠与，应按"离婚协议书"向女儿魏萱赔付 160 万元转让款。

普法小知识

在离婚协议中，夫妻双方约定将房产赠与子女的条款能否撤销呢？

在我国，离婚时将夫妻共有房产赠与子女，一般存在两种情况：一是在民政部门登记离婚时，签订协议将房产赠与子女；二是诉讼离婚时经法院调解，在民事调解书中确认将共有房产赠与子女。

第一种情况，离婚协议中的房产赠与条款不同于一般赠与合同，该赠与条款与整个离婚协议是一个整体，不能单独行使任意撤销权。

第二种情况，离婚约定的赠与条款经人民法院审查确认后已制作成民事调解书，该调解书一旦生效，即赋予了和判决书同等的强制效力，应该同于或高于经过公证的赠与合同，也不得任意撤销。

因此，想要撤销离婚协议中对子女的房产赠与，除非有证据证明该赠与条款的订立存在欺诈、胁迫等情形，否则不能撤销。

36　离婚时，
公司股权怎么分割？

　　曾女士与袁先生 10 年前在工作中相识，双方热恋交往后走入婚姻殿堂。婚后，两人很快生育了一对儿女。

　　为了养育家庭及寻求更好的发展，袁先生与朋友刘某及李某共同创办了一家互联网有限责任公司，该公司的股份袁先生占42%，朋友刘某与李某分别占 30% 和 28%。随着公司越做越大，袁先生也越来越忙，经常不回家，夫妻二人感情越发疏远，最后，曾女士以感情破裂为由向法院起诉离婚，要求分割袁先生持有的42%的公司股份权，并希望自己也能成为公司股东。

《民法典》 第一千零六十二条

夫妻在婚姻关系存续期间所得的下列财产，为夫妻的共同财产，归夫妻共同所有：

（一）工资、奖金、劳务报酬；

（二）生产、经营、投资的收益；

（三）知识产权的收益；

（四）继承或者受赠的财产，但是本法第一千零六十三条第三项规定的除外；

（五）其他应当归共同所有的财产。

夫妻对共同财产，有平等的处理权。

《婚姻家庭编司法解释（一）》 第七十三条

人民法院审理离婚案件，涉及分割夫妻共同财产中以一方名义在有限责任公司的出资额，另一方不是该公司股东的，按以下情形分别处理：

（一）夫妻双方协商一致将出资额部分或者全部转让给该股东的配偶，其他股东过半数同意，并且其他股东均明确表示放弃优先购买权的，该股东的配偶可以成为该公司股东；

（二）夫妻双方就出资额转让份额和转让价格等事项协商一致后，其他股东半数以上不同意转让，但愿意以同等条件购买该出资额的，人民法院可以对转让出资所得财产进行分割。其他股东半数以上不同意转让，也不愿意以同等条件购买该出资额的，视为其同意转让，该股东的配偶可以成为该公司股东。

根据《民法典》第一千零六十二条可知，夫妻在婚姻关系存续期间所得的生产、经营、投资收益等，都属于夫妻共同财产。因此，袁先生在婚后与朋友创办的公司，其名下42%的股权属于夫妻共同财产，曾女士有权在离婚时主张分割。

然而，如何分割却和曾女士想的不一样。涉及股权分割问题，基于有限责任公司的人合性特点，在分割股权时不能像对待其他财产一样进行简单处理。尤其涉及成为公司新股东的问题，必须满足一定的条件，履行一定的程序，否则难以实现。

根据《婚姻家庭编司法解释（一）》第七十三条规定可知，如果曾女士想通过分得股权而获得公司的股东身份，那么则需要包括袁先生在内的公司股东全部同意，接受曾女士成为新股东，这样曾女士的要求就可以实现。

在法庭上，袁先生与其朋友一致表示不同意曾女士成为公司新股东。

在这种情况下，法院判定，袁先生与曾女士应将42%的股权进行估值，股权继续由袁先生持有，由袁先生按照这部分股权实际价值的50%向曾女士支付股权补偿对价。

普法小知识

在离婚诉讼中，涉及公司股权分割，一般按照以下情况进行处理：

（1）个人所有股权，除另有约定外，不进行分割；个人所有股权，即夫妻一方婚前取得的股权，属一方个人财产，但婚姻关系存续期间由其获得的收益属婚后夫妻共同财产，夫妻另一方有权要求分割。

（2）夫妻二人都是有限责任公司股东，以各自名义在有限责任公司占有股权，协商分割，无法协商的，起诉分割。

（3）夫妻二人以一方名义在有限责任公司占有股权，另一方不是该公司股东的，协议由非股东一方取得股东身份，需经过半数股东同意，且其他股东放弃优先权，否则，双方仅能就转让出资所得财产进行分割。

公司股权分割的实质是股权转让，应当符合公司法及公司章程的规定，保障其他股东的优先购买权，这是股权分割与其他财产分割（包括夫妻共同财产分割）的区别。有限公司具有一定的人合性，股东之间相互信任、共同管理，是公司得以正常经营的前提。

37

以离婚逃避夫妻 共同债务，可行吗？

丘先生与王先生原本是好朋友，两人自高中相识，结婚时互为对方的伴郎。

2015 年，丘先生因生意资金周转需要，向王先生借款 50 万元，双方当时在欠条中约定，丘先生将于 2021 年年底还清王先生 50 万元。

借款后，丘先生的生意越做越红火，后来还购入了一处房产与一辆奔驰车子。

到了 2021 年年底，当王先生去找丘先生索要欠款时，丘先生表示自己的生意资金周转不开，一时之间不能还款，见此情形，王先生也不好意思再催讨欠款。

随后一年，王先生多次试探，丘先生都是这个理由，王先生不禁怀疑丘先生在故意拿借口搪塞自己，实际不愿偿还借款。

终于，在 2022 年年底，当王先生再次催讨借款时，丘先生表示，自己 2022 年 7 月已经与妻子离婚，因孩子抚养权给了妻子，为了孩子今后的生活，自己已经"净身出户"，将房产、车辆等全部财产通过离婚协议赠与了前妻，现已无力偿还借款。

　　王先生此时才发现上当，遂将丘先生告上法庭，主张撤销丘先生赠与其妻子房产及车辆等财产的行为。

《民法典》　第五百三十八条

　　债务人以放弃其债权、放弃债权担保、无偿转让财产等方式无偿处分财产权益，或者恶意延长其到期债权的履行期限，影响债权人的债权实现的，债权人可以请求人民法院撤销债务人的行为。

《民法典》　第五百三十九条

　　债务人以明显不合理的低价转让财产、以明显不合理的高价受让他人财产或者为他人的债务提供担保，影响债权人的债权实现，债务人的相对人知道或者应当知道该情形的，债权人可以请求人民法院撤销债务人的行为。

> **《民法典》 第一千零八十九条**
>
> 　　离婚时，夫妻共同债务应当共同偿还。共同财产不足清偿或者财产归各自所有的，由双方协议清偿；协议不成的，由人民法院判决。
>
> **《婚姻家庭编司法解释（一）》 第三十五条**
>
> 　　当事人的离婚协议或者人民法院生效判决、裁定、调解书已经对夫妻财产分割问题作出处理的，债权人仍有权就夫妻共同债务向男女双方主张权利。
>
> 　　一方就夫妻共同债务承担清偿责任后，主张由另一方按照离婚协议或者人民法院的法律文书承担相应债务的，人民法院应予支持。

　　根据《民法典》第一千零八十九条可知，王先生对丘先生享有的债权，是在丘先生与妻子婚姻关系存续期间发生的，因此该债务为丘先生的夫妻共同债务，丘先生与妻子应共同履行还款义务。

　　在法庭上，丘先生与妻子表示双方已签署离婚协议，主张妻子不应再承担此笔债务。且赠与财产权利均已转移至妻子名下。

　　王先生则拿出丘先生夫妻二人签署离婚协议后仍以夫妻名义共同居住、离婚不离家的证据，并表示尽管丘先生的离婚时间早于自己起诉的时间，但是丘先生的欠款时间早于离婚协议达成的时间，其行为难以排除丘先生夫妻存在转移财产、逃避债务的主观恶意。

　　《民法典》第五百三十八条规定："债务人以放弃其债权、放弃债权担保、无偿转让财产等方式无偿处分财产权益，或者恶意延长其到期债权的履行期限，影响债权人的债权实现的，债权人可以请求人民法院撤销债务人的行为。"

法院经审理认为，丘先生在明知欠王先生款项的情况下，办理离婚时仍将夫妻共同财产中自己应得的部分无偿放弃并转归其妻子所有，使得丘先生名下无任何财产，属于恶意转移资产逃避债务，致使王先生的债权无法得以实现，王先生作为债权人有权依法主张撤销。

普法小知识

现实生活中，欠债不还，企图以离婚"净身出户"为由躲避债务的现象并不少见。对这种情况，我们要知道：

（1）《民法典》规定，假借离婚逃避债务，对债权人造成损害的，债权人可以请求人民法院撤销债务人"净身出户""赠与财产"的行为。

（2）如果法院查明假借离婚逃避债务的事实，假离婚真逃债的夫妻双方不仅需要对相关债务承担共同还款责任，而且也可能会因拒不执行生效裁判文书、虚假诉讼等行为承担刑事责任。并且，在现实生活中，经常出现夫妻双方假戏真做，为躲避债务转让财产给夫妻一方，致使自己陷入人财两空境地的现象。

因此，在现实生活中，我们一定要尊重法律，诚实守信。

38 离婚时丈夫有遗产尚未继承，妻子有权要求分遗产吗？

小芙与小唐原本是一对恩爱的小情侣，从相识相知走到热恋结婚，双方都在感情中付出了不少。然而好景不长，婚后不到一年，两人之间的甜言蜜语就变成了无言冷战、恶语相向，最终双方均认为夫妻之间感情已经破裂，于是决定离婚。

然而，就在双方决定离婚前的一个月，小唐的父亲突发脑血栓去世，留下了一套房产，于是，小芙在提出离婚时同时要求分割小唐父亲留下的这套房产。

没想到，丈夫小唐却以房子是自己父亲留下的，跟小芙无关为由拒绝了小芙。并且还放狠话表示，宁愿放弃继承房产也不能便宜了小芙。

小芙一气之下上诉至法庭，要求分割这笔遗产。

《民法典》第一千一百二十三条

继承开始后，按照法定继承办理；有遗嘱的，按照遗嘱继承或者遗赠办理；有遗赠扶养协议的，按照协议办理。

《民法典》第一千一百二十四条

继承开始后，继承人放弃继承的，应当在遗产处理前，以书面形式作出放弃继承的表示；没有表示的，视为接受继承。

受遗赠人应当在知道受遗赠后六十日内，作出接受或者放弃受遗赠的表示；到期没有表示的，视为放弃受遗赠。

《民法典》第一千一百二十七条

遗产按照下列顺序继承：

（一）第一顺序：配偶、子女、父母；

（二）第二顺序：兄弟姐妹、祖父母、外祖父母。

继承开始后，由第一顺序继承人继承，第二顺序继承人不继承；没有第一顺序继承人继承的，由第二顺序继承人继承。

本编所称子女，包括婚生子女、非婚生子女、养子女和有扶养关系的继子女。

本编所称父母，包括生父母、养父母和有扶养关系的继父母。

本编所称兄弟姐妹，包括同父母的兄弟姐妹、同父异母或者同母异父的兄弟姐妹、养兄弟姐妹、有扶养关系的继兄弟姐妹。

《民法典》 第一千零六十二条

夫妻在婚姻关系存续期间所得的下列财产，为夫妻的共同财产，归夫妻共同所有：

（一）工资、奖金、劳务报酬；

（二）生产、经营、投资的收益；

（三）知识产权的收益；

（四）继承或者受赠的财产，但是本法第一千零六十三条第三项规定的除外；

（五）其他应当归共同所有的财产。

《民法典》 第一千零六十三条

下列财产为夫妻一方的个人财产：

（一）一方的婚前财产；

（二）一方因受到人身损害获得的赔偿或者补偿；

（三）遗嘱或者赠与合同中确定只归一方的财产；

（四）一方专用的生活用品；

（五）其他应当归一方的财产。

《婚姻家庭编司法解释（一）》第八十一条

婚姻关系存续期间，夫妻一方作为继承人依法可以继承的遗产，在继承人之间尚未实际分割，起诉离婚时另一方请求分割的，人民法院应当告知当事人在继承人之间实际分割遗产后另行起诉。

根据《民法典》可知，遗产第一顺序继承人为配偶、子女与父母。

小唐的父亲去世，留下房产，则小唐的母亲与小唐为第一顺序继承人。由于小唐的母亲于两年前就已去世，爷爷、奶奶、外公、外婆也早已去世，因此该遗产第一顺位继承人为小唐，以及小唐的妹妹。

本案中，小唐父亲没有留下遗嘱表明小唐的继承份额专属于小唐个人。所以，根据《民法典》第一千零六十二条的规定，"婚姻关系存续期间获得的继承财产为夫妻共同财产"，所以，小芙有权在遗产处置完毕、继承分割之后主张自己的份额。

然而，小唐却放过狠话表示，宁愿放弃继承房产也不能便宜了小芙。

因此，根据《民法典》规定，如果小唐此后明确表示放弃继承此房产、由小唐的妹妹一人继承此房产，小芙就无法主张分割了。

由于小唐父亲刚去世，小唐在法庭上迟迟不肯表态。最终，法院根据最高法《婚姻家庭编司法解释（一）》第八十一条规定，判决告知双方在小唐确认是否继承遗产后另行起诉。

 普法小知识

离婚时，丈夫有遗产尚未继承，妻子能够要求分割吗？我们要知道：

（1）只要是夫妻关系存续期间一方继承的遗产，如果没有遗嘱或遗嘱没有明确指明归一方个人所有，那么就属于夫妻共同财产，离婚时，可以作为夫妻共同财产分割；如果遗嘱明确指明归一方个人所有，则属于夫妻一方的个人财产，离婚时另一方不能主张分割。

（2）丈夫有遗产尚未继承，在离婚时，若丈夫放弃继承这笔遗产，那么妻子就无法主张分割了；如果丈夫接受继承，则妻子可主张分割。

（3）若丈夫另有兄弟姐妹，其兄弟姐妹也可分得部分遗产，此时，需待丈夫与其他继承人实际分割完毕后才能起诉分割。

因此，离婚时，丈夫有遗产尚未继承，妻子是否能要求分割，要综合各种条件与因素判断。若你在婚姻中正遇到这个难题，你可以根据以上步骤进行分析，以积极维护自己的合法权益。

第四部分

家庭关系篇

爱情是风花雪月，婚姻是柴米油盐。作为家庭成员，夫妻间的权利和义务，在婚姻关系成立那一刻开始就受法律约束，同时，也受法律保护。婚姻不仅是两个人的结合，还是家庭之间的结合，进入婚姻后，我们必须扛起家庭的责任与义务。

如何正确处理好家庭关系，维护家庭的长久和谐与稳定？掌握相应法律知识，明确各自在家庭中应承担的角色和责任，才可以更好地应对家庭中的各种挑战，这是我们必不可缺的人生功课。

39 婚内不允许和
异性交流，违法吗？

文文与阿辉在一次旅行中认识，两人一见钟情，经过短暂交往便领证结婚了。

婚后，文文发现阿辉占有欲很强，经常对自己说不要和异性交流。刚开始，文文以为丈夫只是太在乎自己，就听从丈夫，在日常生活中慢慢减少了非必要的异性交流。

然而，阿辉对文文的表现却并不满意，甚至变本加厉，开始无差别阻止文文和其他异性说话，不让妻子在通讯录里存有异性信息，不让妻子发朋友圈……

呆大，阿辉接文文下班，正好看见文文与男同事相谈甚欢，阿辉怒气冲冲地一把拽过文文，并推上了车。

他并没有打骂文文，而是把文文关在家里不让出门，将文文的手机没收，还把家里的门锁给换了，不允许文文踏出房门半步。

《民法典》第一千零五十五条

夫妻在婚姻家庭中地位平等。

《民法典》第一千零五十七条

夫妻双方都有参加生产、工作、学习和社会活动的自由，一方不得对另一方加以限制或者干涉。

《刑法》第二百三十八条

非法拘禁他人或者以其他方法非法剥夺他人人身自由的，处三年以下有期徒刑、拘役、管制或者剥夺政治权利。具有殴打、侮辱情节的，从重处罚。犯前款罪，致人重伤的，处三年以上十年以下有期徒刑；致人死亡的，处十年以上有期徒刑。使用暴力致人伤残、死亡的，依照本法第二百三十四条、第二百三十二条的规定定罪处罚。

根据《民法典》的规定，夫妻双方在婚姻家庭中地位平等，双方都有参加生产、工作、学习和社会活动的自由，一方不得对另一方加以限制或者干涉。

阿辉在婚后阻止妻子文文与异性交流，干涉对方的正常社交，已经违反了《民法典》第一千零五十七条的规定。

而将文文反锁在家不让其出门，已经涉嫌非法拘禁，触犯了《刑法》第二百三十八条。

在文文被限制自由期间，文文的公司因联系不上文文，主动报了警，而当天目睹阿辉表情不对的男同事也主动出面，协助警方，这才将文文解救出来。

最终，阿辉因涉嫌非法拘禁他人，被警方抓捕。

普法小知识

婚内一方不允许另一方和异性交流，违法吗？

首先，我们要明确的是，婚内夫妻双方都有参加生产、工作、学习和社会活动的自由，一方不得对另一方加以限制或者干涉。只要涉及干涉和限制他人的自由，就是违法行为，婚内无论哪一方都不能这么做。

其次，这种限制或干涉另一方自由的行为，根据违法程度的轻重，会得到不同判罚结果。轻则就是违反《民法典》的规定，重则违反《刑法》，涉嫌非法拘禁罪或其他罪名。

40 妻子长期拒绝回家，丈夫该怎么办？

丁力的妻子莉莉已经有一年多没回家住了。

今天丁力又打了一个电话问她什么时候回家，她还是那套老说辞，说公司安排外派出差，两个月后项目结束才能回家，一句多的话都没说，她就把电话给挂了。

可是丁力知道，公司外派出差不过是莉莉的借口，就算项目结束了，她也不会回到夫妻俩的小家，而是会选择回娘家住，甚至宁愿在外面住酒店都不愿意回家。

夫妻俩是通过媒人介绍，在一场相亲会上认识的，不到一个月，两人在双方家人的催促下领了《结婚证》，对彼此都不太了解。

而且由于莉莉工作太忙，两人就连婚礼和宴席都一直拖着没办，婚后两人除了新婚的头一个月住在一起，后面一直处于分居状态。

丁力知道这样有名无实的婚姻，很大程度上是为了满足双方父母的期待，夫妻俩根本就没有任何共同语言，就连吃饭都吃不到一块儿，更别说有什么夫妻情分了。

可是再这么耗下去，对彼此都是一种折磨，一时之间丁力真的不知道该怎么做了。

《民法典》第一千零五十七条

夫妻双方都有参加生产、工作、学习和社会活动的自由，一方不得对另一方加以限制或者干涉。

《民法典》第一千零七十六条

夫妻双方自愿离婚的，应当签订书面离婚协议，并亲自到婚姻登记机关申请离婚登记。

《民法典》第一千零七十九条

夫妻一方要求离婚的，可以由有关组织进行调解或者直接向人民法院提起离婚诉讼。

人民法院审理离婚案件，应当进行调解；如果感情确已破裂，调解无效的，应当准予离婚。

有下列情形之一，调解无效的，应当准予离婚：

（一）重婚或者与他人同居；

（二）实施家庭暴力或者虐待、遗弃家庭成员；

（三）有赌博、吸毒等恶习屡教不改；

（四）因感情不和分居满二年；

（五）其他导致夫妻感情破裂的情形。

一方被宣告失踪，另一方提起离婚诉讼的，应当准予离婚。

经人民法院判决不准离婚后，双方又分居满一年，一方再次提起离婚诉讼的，应当准予离婚。

无奈之下，丁力向笔者寻求法律帮助。

笔者表示，根据《民法典》的规定，夫妻双方都有参加生产、工作、学习和社会活动的自由，一方不得对另一方加以限制或者干涉。丁力的妻子莉莉长期拒绝回家，并未触犯法律，同时丁力也不能采取强制措施干涉对方人身自由。在此情况下，丁力要么与妻子找机会沟通商议、挽回感情，要么与妻子协议离婚。如果协议离婚不成，丁力还可以以夫妻感情破裂为由提起离婚诉讼。

在钟律师的指导下，丁力尝试与莉莉深入沟通了一次，确认了妻子莉莉确实无心继续这段婚姻。

最终，丁力与莉莉达成共识，双方协议离婚。

普法小知识

在生活中，夫妻之间总是容易因琐事争吵、冷战，有时妻子气狠了，还喜欢长期躲在娘家不回来。那么，妻子长期拒绝回家，丈夫该怎么办？

首先，婚姻中，夫妻双方都有参加生产、工作、学习和社会活动的自由，一方不得对另一方加以限制或者干涉。因此，妻子长期拒绝回家，丈夫当然是不能强迫对方回家的。

其次，若与对方深入沟通之后，双方能明确问题、挽回婚姻，自然皆大欢喜；如若沟通不成，双方感情破裂，那么此时也可以协议离婚或起诉离婚。

夫妻之间没有隔夜仇，夫妻一方无论是谁，一方长期拒绝回家，双方首先要做的肯定是坐下来深入沟通交流。本案中的情况还是比较少见的，若真遇到类似情况，或夫妻感情确实已经走到尽头，双方再商议离婚也不迟。

41

夫妻一方挣钱不给
另一方花，违法吗？

　　两个月前圆圆查出来怀孕了，一直渴望做妈妈的她便辞去工作，准备安心在家备孕待产。

　　可正如网上的调侃，孩子就是个"吞金兽"，孩子虽然还没出生，但各项支出却已如流水。为了维持家庭的正常开销，圆圆不得不在本月第二次向丈夫郑乔要生活费。

　　可是郑乔一听她要生活费就指责她乱花钱，还要她把家庭支出账本拿出来给他看。圆圆忍住气，拿来账本给他检查。

　　本以为丈夫检查完账本之后就会给生活费，没想到丈夫随意翻了两下，就直接给她扣了一顶"大帽子"——他说这是圆圆做的假账，不仅没给圆圆生活费，还要她拿自己工作时攒的存款出来用。

　　圆圆这下可气坏了，现在家里只有丈夫一个人上班挣钱，对方不仅不给自己钱花，还从来不告诉她每月工资多少，工资卡也从来不会让她看见，她突然觉得有点窒息。

《民法典》第一千零五十九条

夫妻有相互扶养的义务。需要扶养的一方，在另一方不履行扶养义务时，有要求其给付扶养费的权利。

《民法典》第一千零六十二条

夫妻在婚姻关系存续期间所得的下列财产，为夫妻的共同财产，归夫妻共同所有：

（一）工资、奖金、劳务报酬；

（二）生产、经营、投资的收益；

（三）知识产权的收益；

（四）继承或者受赠的财产，但是本法第一千零六十三条第三项规定的除外；

（五）其他应当归共同所有的财产。

夫妻对共同财产，有平等的处理权。

《民法典》第一千零六十六条

婚姻关系存续期间，有下列情形之一的，夫妻一方可以向人民法院请求分割共同财产：

（一）一方有隐藏、转移、变卖、毁损、挥霍夫妻共同财产或者伪造夫妻共同债务等严重损害夫妻共同财产利益的行为；

（二）一方负有法定扶养义务的人患重大疾病需要医治，另一方不同意支付相关医疗费用。

根据《民法典》的相关条款规定，夫妻对共同财产有平等的处理权。婚后郑乔的工资属于夫妻共同财产，圆圆作为他的合法妻子，有权使用他的工资。

而郑乔作为丈夫，对妻子圆圆隐瞒夫妻共同财产的数额，圆圆是可以向人民法院提起诉讼，要求分割财产的。

另外，圆圆目前处于孕期，按《民法典》规定，郑乔亦有扶养圆圆的义务。

眼看孩子就快要出生，自己已经没有多少之前攒下的工资可支撑生育开支了，圆圆心一横，向法院起诉状告了丈夫郑乔，要求对方给付扶养费，并分割夫妻共同财产。

在法院的介入下，圆圆终于维护了自己应得的权益。

普法小知识

夫妻挣钱不给另一方花的行为是否违法？

（1）首先，我国《民法典》规定，只要是在婚姻关系存续期间所得的工资收入，都属于夫妻共同财产。

（2）其次，《民法典》亦明确规定，夫妻对共同财产，有平等的处理权。

因此，夫妻双方挣得的钱都属于夫妻共同财产，双方有同等处理权，一方赚钱不给另一方花，是违法的。

此外，我们还需知道，我国《民法典》还规定，夫妻有相互扶养的义务。当妻子因怀孕、辞职等情况断了经济来源，需要扶养时，丈夫必须履行此义务，如不履行义务则必须给付扶养费，否则亦是违法。

42 双方结婚后
不照顾对方，违法吗？

小宁和陈诚是在父母安排的相亲局上认识的，在双方父母的催促下，不到一个月就领证结婚了，但是两个人对对方都没什么感情，也没有像父母说的那样培养出深厚的感情来，平日里相处就跟合租的室友一样。

本来日子这样过下去倒也相安无事，只是婚后一年小宁就查出患有乳腺癌，最初做化疗时陈诚倒也还乐观，每天陪着小宁上医院检查。可当得知了小宁的病情需要高昂的手术费用和术后的预后不太乐观后，他就突然消失了，小宁在医院住了半个月也没见到他的人。

直到住院部的护士来向小宁催促缴费，小宁才知道自己大概率是被丈夫放弃了。

无奈之下，小宁只好起诉丈夫，要求其尽到照顾自己及为自己支付医药费的义务。

《民法典》第一千零五十九条

夫妻有相互扶养的义务。需要扶养的一方，在另一方不履行扶养义务时，有要求其给付扶养费的权利。

根据《民法典》的规定，夫妻之间有相互扶养的义务。

小宁与陈诚已经办理结婚登记，因此陈诚对小宁具有法律上的扶养义务。而小宁病重，属于需要扶养的情形，丈夫陈诚理应照顾陪伴，并为她支付医药费。若陈诚不愿为其支付医药费，小宁可以要求其给付扶养费。

小宁起诉后，陈诚始终不愿现身，似乎想躲避到底。

最终，在人民法院的拘传下，陈诚到法院开庭，双方就是否支付医药费的问题展开激烈争论。

陈诚坚持认为，他与小宁的夫妻感情不深，夫妻关系本就有名无实，两人平时也没尽到相应的夫妻义务，小宁不能在此时要求自己履行这一义务。

法院认为，夫妻感情并不能影响到夫妻义务，我国《民法典》

明确规定夫妻之间有相互扶养的义务，有扶养能力的一方，对于有残疾、患有重病、经济困难的配偶，必须主动承担扶助供养责任。

　　因此，法院最终判定小宁胜诉，陈诚当照顾小宁并为其支付医药费。

普法小知识

　　夫妻双方办理结婚登记后不照顾对方，违法吗？

　　我国《民法典》明确规定，夫妻之间有相互扶养的义务。根据本条的规定，有扶养能力的一方，对于有残疾、患有重病、经济困难的配偶，必须主动承担扶助供养责任。

　　有的夫妻会约定各自的工资或收入归各自所有，但这并不意味着夫或妻只负担各自的生活费用而不承担扶养对方的义务，当一方患有重病时，另一方仍有义务尽力照顾并提供有关治疗费用。

　　此外，婚内扶养义务的履行方式不应当仅仅限于给付扶养费，还可以是一方要求另一方进行生活上的照顾陪护、精神慰藉等。

　　因此，夫妻双方办理结婚登记后不照顾对方，属于违法行为。当前，我国《民法典》规定的夫妻扶养义务对传承并发扬中华传统美德构建和谐的家庭社会关系、弥补社会保障制度不足等方面具有至关重要的作用。

43 借钱来赌博，配偶需要承担还款责任吗？

深夜，周德带着一身酒气刚回到家，没想到一开灯就发现妻子艾莎正坐在客厅的沙发上，见他回来后，开口就问他到底在外面欠了多少债。

周德不明所以。艾莎见他还想装傻，突然爆发，表示欠债的都已经找到她的公司了，开口就要300万元。

周德知道自己瞒下去也没有意义了，才彻底坦白——他去赌博，先是赌输了，然后找赌场里借了钱，但是没多久就全输掉了，又一心想着要翻本，于是就在外面借了高利贷，没想到又输光了。

高利贷还不上就利滚利，他就只能去别的高利贷借钱，拆东墙补西墙，就这样赌债就像滚雪球一样，数目越滚越大。直到再也没有可以周转的办法，还不上钱了，高利贷的人才会上门找人。

艾莎听完，心一下沉到谷底，不由流下了眼泪。周德看着她痛哭的样子，略一犹豫，提出了离婚，说这样债务就由他一个人承担，而不会连累到她。

艾莎听完愣住了，心中五味杂陈，一时间不知道该做何选择。

《民法典》第一千零六十四条

夫妻双方共同签名或者夫妻一方事后追认等共同意思表示所负的债务，以及夫妻一方在婚姻关系存续期间以个人名义为家庭日常生活需要所负的债务，属于夫妻共同债务。

夫妻一方在婚姻关系存续期间以个人名义超出家庭日常生活需要所负的债务，不属于夫妻共同债务；但是，债权人能够证明该债务用于夫妻共同生活、共同生产经营或者基于夫妻双方共同意思表示的除外。

《婚姻家庭编司法解释（一）》第三十四条

夫妻一方与第三人串通，虚构债务，第三人主张该债务为夫妻共同债务的，人民法院不予支持。

夫妻一方在从事赌博、吸毒等违法犯罪活动中所负债务，第三人主张该债务为夫妻共同债务的，人民法院不予支持。

根据《民法典》的相关条款规定，夫妻一方在婚姻关系存续期间以个人名义超出家庭日常生活需要所负的债务，不属于夫妻共同债务。

周德欠下的赌债，并未用于夫妻共同生活、共同生产经营，属于超出家庭日常生活需要所负的债务，且妻子艾莎对此并不知情，因此亦不属于夫妻共同意思表示的债务，当为周德的个人债务。

而根据《婚姻家庭编司法解释（一）》第三十四条的规定，周德是从事赌博而欠下债务，该债务不属于夫妻共同债务，应当由周德一人清偿。

最终，在高利贷的追债下，为了不连累妻儿，夫妻俩办理了离婚。

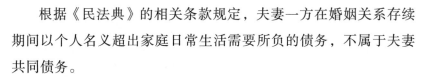

普法小知识

　　夫妻一方借款用于赌博，配偶需要承担还款责任吗？

　　首先，违法的债务不受法律保护，赌博属于违法行为，因此，因赌博而欠下的债务属于非法债务。

　　其次，夫妻一方借钱用于赌博，这笔钱显然不是用于家庭日常生活、夫妻共同生活，则债务不属于夫妻共同债务。

　　另外，对于该赌债，配偶没有共同签名，或者没有事后追认所负的债务，则债务也不属于夫妻共同债务，配偶不需要承担还款责任，应由赌博的一方自行承担。

44 被家暴了，可以申请人身保护令吗？

　　小静此刻正躲在小区的地下停车场里，听着丈夫在外面狂怒地大吼，她只能紧紧地蜷缩着身体，不敢发出丝毫动静，一旦被丈夫找到，等待她的将会是又一场毒打。

　　直到丈夫喊累了，一直没找到她，终于离开了停车场，小静才终于松了一口气，掏出手机来给妈妈打电话。

　　妈妈带着哥哥赶来接她时，看到她浑身伤痕，顿时心疼得把她抱进怀里，打算带小静回娘家，没想到走到小区门口时却发现王大力正堵在那儿。

　　见他们母子三人要走，王大力先是一脸笑意地迎上来，丈母娘质问他为什么要打人，他就立刻认错道歉，恳求丈母娘和大舅哥不要带小静回娘家。见他言辞恳切，丈母娘和大舅哥一时间也有些松动，哥哥也开口问小静要不要再给他一次机会，小静默默地摇了摇头，转身就往外走，下定决心要离开王大力。

王大力见她执意要走，竟瞬间露出了凶恶的真面目，冲过去揪住小静的衣领，想要施暴，小静的哥哥及时出手阻止了他。

《反家庭暴力法》第二十三条

当事人因遭受家庭暴力或者面临家庭暴力的现实危险，向人民法院申请人身安全保护令的，人民法院应当受理。

当事人是无民事行为能力人、限制民事行为能力人，或者因受到强制、威吓等原因无法申请人身安全保护令的，其近亲属、公安机关、妇女联合会、居民委员会、村民委员会、救助管理机构可以代为申请。

《反家庭暴力法》第二十九条

人身安全保护令可以包括下列措施：

（一）禁止被申请人实施家庭暴力；

（二）禁止被申请人骚扰、跟踪、接触申请人及其相关近亲属；

（三）责令被申请人迁出申请人住所；

（四）保护申请人人身安全的其他措施。

《反家庭暴力法》第三十二条

人民法院作出人身安全保护令后，应当送达申请人、被申请人、公安机关以及居民委员会、村民委员会等有关组织。人身安全保护令由人民法院执行，公安机关以及居民委员会、村民委员会等应当协助执行。

《反家庭暴力法》第三十三条

加害人实施家庭暴力，构成违反治安管理行为的，依法给予治安管理处罚；构成犯罪的，依法追究刑事责任。

根据《反家庭暴力法》相关条款规定，当事人因遭受家庭暴力或者面临家庭暴力的现实危险，可以依法向法院申请人身保护令。同时，施暴者实施家庭暴力构成违反治安管理行为的，会受到治安管理处罚；构成犯罪的，会被追究刑事责任。

若王大力继续对小静实施家暴，小静可以依法向人民法院申请人身保护令。

自那天晚上以后，小静便一直住在娘家，期间，王大力并未死心，时常上门骚扰，甚至好几次遇见小静外出活动时想上前施暴，都被小静的哥哥及时阻止了。

多次接近小静不成，王大力气恼非常，凶相毕露，甚至开始扬言要伤害小静的家人。

小静知道不能再这样下去了，于是向当地法院申请了人身保护令，要求禁止王大力实施家庭暴力以及骚扰、跟踪、接触自己及其相关近亲属。

当地法院了解情况后，很快同意了小静的申请。

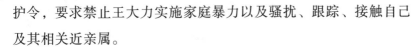

普法小知识

家暴受害者可以申请人身保护令吗？

家暴受害者当然可以向人民法院申请人身保护令。

如果你或者你身边有人正在遭受家暴，学习本篇知识，了解人身保护令的相关申请程序，同时准备好相关证据，做好最周全的准备，以便于及时、成功申请到人身保护令。

45 离婚后又复婚，
房子还是夫妻共同财产吗？

徐泽成与小珍离婚两年多，一个月前意外重逢，徐泽成当即重新对小珍展开追求，并称自己以前做错了，以后一定好好对小珍。在其猛烈攻势下，小珍答应了其复婚要求。

但是复婚后一个星期，徐泽成突然在她面前跪下来，把公司的财报递给她看，说自己的公司亏了大几百万元，请求小珍拿出房产证给他去银行抵押贷款。

小珍一口就拒绝了，并表示房子是她的婚前财产，徐泽成没有权利动用房子的产权。

然而，徐泽成则表示房子本来就是自己的，自己有权拿去抵押。

这是怎么回事呢？

原来，这套房子是之前两人离婚时作为夫妻共同财产之一分给小珍的。徐泽成认为，现在两人的婚姻关系也恢复了，房子当然又成了两人的共同房产，他有权处理这套房产。

《民法典》第一千零六十二条

夫妻在婚姻关系存续期间所得的下列财产，为夫妻的共同财产，归夫妻共同所有：

（一）工资、奖金、劳务报酬；

（二）生产、经营、投资的收益；

（三）知识产权的收益；

（四）继承或者受赠的财产，但是本法第一千零六十三条第三项规定的除外；

（五）其他应当归共同所有的财产。

夫妻对共同财产，有平等的处理权。

《民法典》第一千零六十三条

下列财产为夫妻一方的个人财产：

（一）一方的婚前财产；

（二）一方因受到人身损害获得的赔偿或者补偿；

（三）遗嘱或者赠与合同中确定只归一方的财产；

（四）一方专用的生活用品；

（五）其他应当归一方的财产。

《民法典》第一千零六十五条

男女双方可以约定婚姻关系存续期间所得的财产以及婚前财产归各自所有、共同所有或者部分各自所有、部分共同所有。约定应当采用书面形式。没有约定或者约定不明确的，适用本法第一千零六十二条、第一千零六十三条的规定。

夫妻对婚姻关系存续期间所得的财产以及婚前财产的约定，对双方具有法律约束力。

夫妻对婚姻关系存续期间所得的财产约定归各自所有，夫或者妻一方对外所负的债务，相对人知道该约定的，以夫或者妻一方的个人财产清偿。

根据《民法典》规定，夫妻一方所有的财产，不因婚姻关系而转化为夫妻共同财产，但当事人另有约定的除外。

小珍和徐泽成在上一次离婚时就已做过财产分割，那么二人在离婚后所得的财产，在复婚后只会成为各自的婚前财产，即上一次离婚时房子分给了小珍，那么她就拥有了房子的独立产权。即使小珍和徐泽成复婚，房子也不会因为婚姻关系的恢复而复归为夫妻共同财产，除非两人对财产作了专门的约定。

一番争吵过后，小珍才明白徐泽成与自己复婚就是为了拿回这套房子去办抵押贷款。

伤心过后，小珍果断起诉，再次与徐泽成离了婚。

普法小知识

离婚后又复婚，房子还属于共同财产吗？

这个问题的核心在于我国法律对"婚前财产"的界定。

如果在上一次离婚时房子已经分割清楚，房子被分给了夫妻中的一方，则其拥有房子的独立产权，即使复婚，房子也只会属于其复婚时的婚前财产。即使在两人上一次离婚前，房子是夫妻的共同财产，但房子也不会随着婚姻关系的再次恢复而变成复婚后的夫妻共同财产。

因此，夫妻复婚，一定要再次厘清自己的财产权利，注意做好财产的事先约定，以免重蹈覆辙。

46 丈夫去世了，财产怎么分？

苏晴的丈夫去世了，她正伤心，却没想到丈夫这边的亲戚们却在灵堂上闹了起来。

原来，苏晴的丈夫是家里的独生子，而苏晴和他还没来得及生儿育女，他就因病撒手人寰了，因此他的堂兄弟们就闹了起来，一个个都说苏晴是外姓人，没给老陈家生下一儿半女，理应把所有的家产都让出来，由堂兄弟们或侄儿们这些同宗的男性继承。

苏晴劝大家先把丈夫的葬礼体面地办完，再商量其他的事情，可是堂兄弟们还是不依不饶，于是苏晴只得强撑精神拿出了丈夫的遗嘱，遗嘱上写明遗产由她和公婆各继承一半。

没想到遗嘱一出，这帮堂兄弟们更坐不住了，纷纷开始指责苏晴，并怀疑她遗嘱造假。

苏晴忍无可忍，直接向法院起诉，要求按遗嘱分配遗产。

《民法典》第一千一百二十三条

继承开始后，按照法定继承办理；有遗嘱的，按照遗嘱继承或者遗赠办理；有遗赠扶养协议的，按照协议办理。

《民法典》第一千一百二十七条

遗产按照下列顺序继承：

（一）第一顺序：配偶、子女、父母；

（二）第二顺序：兄弟姐妹、祖父母、外祖父母。

继承开始后，由第一顺序继承人继承，第二顺序继承人不继承；没有第一顺序继承人继承的，由第二顺序继承人继承。

本编所称子女，包括婚生子女、非婚生子女、养子女和有扶养关系的继子女。

本编所称父母，包括生父母、养父母和有扶养关系的继父母。

本编所称兄弟姐妹，包括同父母的兄弟姐妹、同父异母或者同母异父的兄弟姐妹、养兄弟姐妹、有扶养关系的继兄弟姐妹。

《民法典》第一千一百五十四条

有下列情形之一的，遗产中的有关部分按照法定继承办理：

（一）遗嘱继承人放弃继承或者受遗赠人放弃受遗赠；

（二）遗嘱继承人丧失继承权或者受遗赠人丧失受遗赠权；

（三）遗嘱继承人、受遗赠人先于遗嘱人死亡或者终止；

（四）遗嘱无效部分所涉及的遗产；

（五）遗嘱未处分的遗产。

根据《民法典》的规定，继承开始后，按照法定继承办理；有遗嘱的，按照遗嘱继承或者遗赠办理。

苏晴在丈夫留有遗嘱的情况下，作为遗嘱中写明的遗产继承人之一，有权继承丈夫遗产。

同时，即使没有丈夫的遗嘱，《民法典》第一千一百二十七条亦有规定遗产继承的第一顺位就是配偶、子女、父母。苏晴和丈夫没有子女，第一继承顺序就是她和公公婆婆，其堂兄弟们属于第二顺序继承人，只有当苏晴及公公婆婆放弃遗嘱继承时，他们才有权继承。

在诉讼过程中，苏晴丈夫的堂兄弟们口口声声称苏晴遗嘱造假，却无相关证据支撑。

最终法院判定苏晴胜诉，苏晴及公公婆婆按照遗嘱继承自己应得的部分。

普法小知识

　　丈夫去世，财产该如何分配、继承？根据《民法典》规定，其分配规则如下：

　　（1）丈夫去世后，留下来的财产，要先区分财产是否是夫妻共同财产。如果是夫妻共同财产，那么，妻子要先分走一半，剩余一半财产，才是丈夫的遗产，才需要分割、继承。

　　（2）若丈夫有留下遗嘱，则优先按遗嘱规定分配相关遗产。若没有留下遗嘱，则按《民法典》中规定的法定顺序继承：第一顺序：配偶、子女、父母；第二顺序：兄弟姐妹、祖父母、外祖父母。由第一顺序继承人继承，没有第一顺序继承人继承的，由第二顺序继承人继承。同一顺序继承人按照人数，平均分配、继承遗产。

47 丈夫去世后，
儿媳还要赡养公婆吗？

晓雯的丈夫张茂龙去世了，在处理丈夫遗产期间，公婆表示，她要想继承遗产，就必须在张家守寡一辈子，还要对公婆履行赡养义务。

晓雯知道丈夫是独生子，现在他英年早逝，赡养公婆晚年的义务确实无人承担了。但是她才 30 岁出头，未来的人生还有无限可能，如果真的答应公婆的要求，就等于一眼看到了人生的尽头。

答应这个条件的风险实在太大了，她年轻的人生实在承担不起。

可是她又必须继承这笔遗产——这些年她为了做好丈夫的贤内助，早就辞去了工作，在家做了七八年的全职主妇，失去了职场竞争力。如果不能继承丈夫的遗产，她连养活自己都做不到。

左右为难之下，她最终决定向法院提起诉讼，要求合理分配亡夫的遗产，并厘清她是否有赡养公婆的义务。

《老年人权益保障法》第十四条

赡养人应当履行对老年人经济上供养、生活上照料和精神上慰藉的义务，照顾老年人的特殊需要。

赡养人是指老年人的子女以及其他依法负有赡养义务的人。

赡养人的配偶应当协助赡养人履行赡养义务。

《民法典》第一千一百三十条

同一顺序继承人继承遗产的份额，一般应当均等。

对生活有特殊困难又缺乏劳动能力的继承人，分配遗产时，应当予以照顾。

对被继承人尽了主要扶养义务或者与被继承人共同生活的继承人，分配遗产时，可以多分。

有扶养能力和有扶养条件的继承人，不尽扶养义务的，分配遗产时，应当不分或者少分。

继承人协商同意的，也可以不均等。

根据《民法典》和《老年人权益保障法》相关条款规定，子女对父母有赡养义务，其配偶应当协助赡养人履行赡养义务。

因此，晓雯作为丈夫张茂龙的配偶，对丈夫的父母有协助赡养的义务。

但因张茂龙去世，其作为子女已经无法继续履行赡养义务，因此，晓雯也不再有协助履行赡养的义务。

诉讼过程中，晓雯的公婆一再强调，晓雯如不赡养他们，那就不能继承自己儿子的遗产。

晓雯则表示，自己做了多年家庭主妇，目前养活自己都成问题，更别说赡养公婆了，自己都只能指望分得些遗产来开始新生活。

面对这种情况，法院认为，晓雯的丈夫已经过世，其作为儿媳已经没有法定义务需照顾公婆。因此，最终法院判定，晓雯作为遗产第一顺位人，可与公婆一同分割丈夫遗产，且晓雯不对公婆具有赡养义务。

普法小知识

丈夫意外离世，儿媳是否需要赡养公婆？

我国《老年人权益保障法》及《民法典》的相关条款表明，丈夫以及其他依法负有赡养义务的人——有血缘关系的兄弟姐妹或子侄——对公婆负有赡养义务，儿媳仅在其丈夫在世时具有协助赡养义务，丈夫过世后，儿媳并无赡养公婆的法定义务，可自行决定是否赡养公婆。

然而现实生活中，为弘扬社会道德风尚，社会大力提倡儿媳赡养公婆的美德，但我们要知道，尊崇社会美德本是一件好事，但不能以此为要挟，对女性进行道德绑架，致使其负担过大、生存艰难。

48 遗弃家庭成员，
会构成犯罪吗？

8 岁的小虎已经快两年没见过父母了。

今天他又一次问外公妈妈什么时候能来看他，郑老头叹了一口气。

原来，小虎的妈妈是郑老头收养的女儿。自从小虎妈妈嫁人后，因丈夫嫌弃郑老头，小虎妈妈也与郑老头不再亲近，两人生下小虎后，看小虎天生残疾，便将小虎直接丢给了郑老头，夫妻俩头几年还会在年底的时候来看爷俩一眼，但是从前年到现在已经快两年没回来过了。

近来，郑老头风湿病越来越严重，怕小虎无人照顾，他拄着拐杖，到村支书家借用座机给女儿女婿打电话，只希望他们至少能把小虎带回去照顾。

可是女婿接到电话后，不仅声称绝对不会带回小虎，还扬言爷孙两人就是累赘，早该滚去一边了。

女婿的态度十分嚣张，村支书都无法劝解，只得搬出法律，告诫他如果夫妻俩不尽对爷孙俩的抚养义务，他就会陪郑老头上法院起诉他们。

> 你们必须要对老人和孩子尽到抚养义务，否则他们有权到法院起诉你。

> 我老婆又不是他亲生的，凭什么养他！

《刑法》第二百六十一条

对于年老、年幼、患病或者其他没有独立生活能力的人，负有扶养义务而拒绝扶养，情节恶劣的，处五年以下有期徒刑、拘役或者管制。

《民法典》第一千零四十五条

亲属包括配偶、血亲和姻亲。

配偶、父母、子女、兄弟姐妹、祖父母、外祖父母、孙子女、外孙子女为近亲属。

配偶、父母、子女和其他共同生活的近亲属为家庭成员。

《民法典》第一千零六十七条

父母不履行抚养义务的，未成年子女或者不能独立生活的成年子女，有要求父母给付抚养费的权利。成年子女不履行赡养义务的，缺乏劳动能力或者生活困难的父母，有要求成年子女给付赡养费的权利。

《民法典》第一千一百一十一条

自收养关系成立之日起，养父母与养子女间的权利义务关系，适用本法关于父母子女关系的规定；养子女与养父母的近亲属间的权利义务关系，适用本法关于子女与父母的近亲属关系的规定。养子女与生父母以及其他近亲属间的权利义务关系，因收养关系的成立而消除。

根据《民法典》的相关条款规定，郑老头与小虎妈妈是收养和被收养的关系，适用父母子女关系的规定，小虎妈妈对郑老头有赡养义务。同时，小虎是她的亲生儿子，她对小虎亦有抚养义务。因此，村支书如若带爷孙俩到法院起诉小虎妈妈和女婿，是符合法律规定的。

同时，根据《刑法》第二百六十一条的规定，对于年老、年幼、患病或者其他没有独立生活能力的人，负有扶养义务而拒绝扶养，情节恶劣者，可处五年以下有期徒刑、拘役或者管制。

8 岁的小虎、年老的郑老头都不具备独立生活能力，小虎父母如果坚持拒绝承担自身义务，遗弃爷孙俩，夫妻二人将涉嫌遗弃罪，需承担刑事责任。

在村支书的警告下，小虎父母果然害怕了，主动回到老家，接走了爷孙俩共同生活。

普法小知识

常有遗弃子女、老人的新闻见诸报端，生而不养、养而不教，此种遗弃家庭成员的行为，是否构成犯罪呢？

首先，我们要知道的是，遗弃家庭成员绝对是违法的，情节严重则会构成遗弃罪。

需要说明的是，《刑法》中的遗弃罪，规制的是具有扶养能力的行为人拒绝扶养家庭成员且情节恶劣的犯罪行为，目的是通过《刑法》的严厉制裁手段强力引导、鞭策行为人履行相应的扶养义务。若相关当事人并无扶养能力，致使被遗弃人的合法权益无法得到保障的，人民法院将根据相关适用法律进行另外安排。

49 子女不同意
父母再婚，违法吗？

鑫鑫今年已经上初中了，自从 3 年前父母离婚后，鑫鑫便跟随爸爸李朗一起生活，由于李朗工作繁忙，父子之间交流较少，双方感情比较疏远。

最近，鑫鑫听说爸爸在外面新认识了一个阿姨，并且想要与这位阿姨结婚。在学校时，鑫鑫听同学说如果有了继母，爸爸就不会再关心自己，并且继母也会对自己不好，鑫鑫听在耳里，记在心里，已经对这件事有了自己的看法。

于是，在某天李朗牵着一位漂亮阿姨的手回到家，询问鑫鑫是否同意自己与这位阿姨结婚时，鑫鑫一下子就坐在地上号啕大哭起来，死活不同意爸爸再娶新阿姨。

无奈之下，李朗只得搁置此事，但为了让鑫鑫明白道理，李朗求助到了居委会，请求居委会帮助疏解孩子的情绪。

《民法典》第一千零四十六条

　　结婚应当男女双方完全自愿，禁止任何一方对另一方加以强迫，禁止任何组织或者个人加以干涉。

《民法典》第一千零四十二条

　　禁止包办、买卖婚姻和其他干涉婚姻自由的行为。禁止借婚姻索取财物。

　　禁止重婚。禁止有配偶者与他人同居。

　　禁止家庭暴力。禁止家庭成员间的虐待和遗弃。

《民法典》第一千零六十九条

　　子女应当尊重父母的婚姻权利，不得干涉父母离婚、再婚以及婚后的生活。子女对父母的赡养义务，不因父母的婚姻关系变化而终止。

　　根据以上法律规定可知，我国保护婚姻自由，任何组织或者个人都不得对他人婚姻加以干涉。子女也应当尊重父母的婚姻权利，不得干涉父母离婚、再婚以及婚后的生活。

因此，鑫鑫是不能干涉自己父亲李朗再婚的。

在李朗求助到居委会后，居委会考虑到鑫鑫已经上初中，已经能够辨别是非、理解法律知识，因此，在针对鑫鑫"父亲再婚后可能不爱自己、继母可能不好相处"的相关认知做完心理指导与情绪梳理后，居委会相关工作人员还向鑫鑫讲解了相关法律知识，让鑫鑫明白干涉自己父亲婚姻的行为是不对的。同时，也让李朗和新阿姨与鑫鑫多相处，增加鑫鑫对新阿姨的了解，新阿姨也会爱护、呵护、照顾鑫鑫。

在居委会的帮助下，鑫鑫认识到了自身错误，并主动向父亲道了歉，父子间紧张的关系得到了缓解，鑫鑫与李朗、新阿姨也开始了新的生活。

普法小知识

在我国，结婚自由是指婚姻当事人有依法缔结婚姻关系的自由。当事人是否结婚，与谁结婚，是其本人的基本权利，任何人无权干涉。子女不得干涉父母离婚、再婚及婚后的生活。

在现实生活中，我们经常可以看到子女以父母再婚为由拒绝探望、拒绝赡养甚至扬言要与父母断绝关系的情况。我们应该明白，父母享有婚姻自由权，无论是离婚还是再婚，子女都无权干涉，更不能以此为由不履行赡养义务，否则就是违法。

父母抚养子女长大成人，为子女奉献，子女也应当为了父母的幸福展示出自己应有的尊重和真诚的祝福。父母一生不能只为子女而活，他们也有权利追求自己的幸福。

第五部分

抚养与赡养篇

　　尊老爱幼是我国的传统美德，在婚姻家庭中，抚养子女、赡养老人不仅是道德要求，更是法律义务。子女与老人是社会中的弱势群体，也是家庭中的重要成员，是家庭生活中的重要情感纽带，需要我们的爱护、关怀、包容和理解，更需要法律来保障他们的合法权益。

　　通过本篇的一系列法律小故事，我们将更加清晰地了解法律对抚养与赡养的具体规定，真正理解"尊老爱幼"对家庭和睦的重要意义。同时，懂得子女和父母间应求同存异、相互理解，各自承担相应的责任，共同守护家庭的幸福与和谐。

50 父母一方有权
单独给子女改名吗？

大聪是菲菲的父亲，在菲菲 14 岁这年，大聪提出想要为她改名字，大聪刚提出这一想法，就被菲菲的母亲否决了。

大聪表示，菲菲的名字在她出生时起得太过匆忙，寓意不好，现在有条件当然可以换一个新名字，拥有一个更好的寓意。

大聪认为："作为父亲，我觉得必须得改。你不同意，我也有权利单独更改菲菲的名字。"

菲菲的母亲则认为，菲菲的名字已经使用 14 年之久，不应当随意更改。名字已经成为菲菲身份的一部分，代表着她的个性和过去的历程，改名可能会对菲菲的人际关系及未来发展产生影响，甚至可能会给菲菲造成身份上的困扰和混淆，影响孩子的自尊心和自信心。

双方争执不休，甚至为这事闹上了法院。

《户口登记条例》第十八条

公民变更姓名，依照下列规定办理：

1. 未满十八周岁的人需要变更姓名的时候，由本人或者父母、收养人向户口登记机关申请变更登记。

2. 十八周岁以上的人需要变更姓名的时候，由本人向户口登记机关申请变更登记。

《民法典》第一千零一十二条

自然人享有姓名权，有权依法决定、使用、变更或者许可他人使用自己的姓名，但是不得违背公序良俗。

《民法典》第一千零一十五条

自然人应当随父姓或者母姓，但是有下列情形之一的，可以在父姓和母姓之外选取姓氏：

（一）选取其他直系长辈血亲的姓氏；

（二）因由法定扶养人以外的人扶养而选取扶养人姓氏；

（三）有不违背公序良俗的其他正当理由。

《婚姻家庭编司法解释（一）》第五十九条

父母不得因子女变更姓氏而拒付子女抚养费。父或者母擅自将子女姓氏改为继母或继父姓氏而引起纠纷的，应当责令恢复原姓氏。

根据《户口登记条例》第十八条的规定，未成年人未满十八周岁，需要变更姓名的时候，由本人或者父母、收养人向户口登记机关申请变更登记。父母一方主张为孩子更名，必须征得另一方同意。

本案中，大聪作为菲菲的父亲，虽然对菲菲的抚养和成长负有重要责任，但这并不意味着他可以单独决定更改菲菲的名字。菲菲母亲的顾虑是合理的，更改名字可能对菲菲的身份认同和心理健康产生不良影响。更改名字必须由父母双方协商一致，同时也应尊重孩子自身意愿进行决定。

法院最终驳回了大聪的诉讼请求。

普法小知识

更改孩子姓名是一项重大的决定，会对孩子的生活产生深远影响，所以在更改孩子姓名方面我们需要注意：

（1）父母为孩子更名应该尊重孩子的个性和意愿。孩子的名字与他们的身份和人格有关，所以父母在为孩子取新名时应该慎重考虑。

（2）在子女未成年前，父母可以协商一致决定子女的姓名，如不能达成协商一致，父母任一方都不能单独更改子女的姓名。如果擅自改姓而产生纠纷的，应当责令恢复原姓氏。

（3）子女成年之后，如果子女自己想更改姓名的，可以自由办理改名手续。

51 离婚时一方要求确认亲子关系，另一方不同意亲子鉴定，怎么办？

欣欣突然和大磊提出离婚，并坚持儿子小华的抚养权要归自己。

大磊不由开始胡思乱想，并越发觉得小华长得不像自己，反而有欣欣前男友的模样，开始对妻子产生了怀疑。于是，大磊私下委托某鉴定公司对自己与小华做了亲子鉴定，鉴定结果与大磊的猜疑一致：排除大磊为小华生物学上的父亲。

双方诉讼离婚的过程中，大磊向法院提交了这份《亲子鉴定报告》，但欣欣却对大磊提交的《亲子鉴定报告》不予认可，并表示鉴定报告是大磊伪造的，目的是污蔑自己，以便离婚后不承担抚养小华的责任。

面对这种情况，大磊向法院申请，由法院委托鉴定机构进行重新鉴定，然而却遭到了欣欣的拒绝。

《民法典》第一千零七十三条

　　对亲子关系有异议且有正当理由的，父或者母可以向人民法院提起诉讼，请求确认或者否认亲子关系。对亲子关系有异议且有正当理由的，成年子女可以向人民法院提起诉讼，请求确认亲子关系。

《婚姻家庭编司法解释（一）》第三十九条

　　父或者母向人民法院起诉请求否认亲子关系，并已提供必要证据予以证明，另一方没有相反证据又拒绝做亲子鉴定的，人民法院可以认定否认亲子关系一方的主张成立。

　　父或者母以及成年子女起诉请求确认亲子关系，并提供必要证据予以证明，另一方没有相反证据又拒绝做亲子鉴定的，人民法院可以认定确认亲子关系一方的主张成立。

根据以上法条可知，对亲子关系有异议且有正当理由的，父或者母可以向人民法院提起诉讼，请求确认或者否认亲子关系。

本案中，作为丈夫的大磊有合理的理由怀疑小孩非自己所生，是有权向妻子提出亲子鉴定申请的，只要男方提出一定的证据予以证明即可。在审理过程中，大磊向法院提交了《亲子鉴定报告》，因欣欣不认可这份报告，于是大磊申请由法院委托鉴定机构进行鉴定，是合法的行为。

然而，欣欣却始终拒绝让孩子与大磊进行亲子鉴定，在法院再次询问她是否进行鉴定并告知法律后果后，欣欣仍然拒绝了。

根据《婚姻家庭编司法解释（一）》第三十九条第一款的规定："父或者母向人民法院起诉请求否认亲子关系，并已提供必要证据予以证明，另一方没有相反证据又拒绝做亲子鉴定的，人民法院可以认定否认亲子关系一方的主张成立。"

因此，针对本案，法院最终认定，大磊向法院申请鉴定后，欣欣拒绝配合做亲子鉴定，故大磊认为小华并非其生物学儿子的主张成立。

普法小知识

在我国，亲子鉴定是指运用生物学、遗传学以及有关学科的理论和技术，根据遗传性状在子代和亲代之间的遗传规律，判断父母和子女之间是否为亲生关系的鉴定。

关于亲子鉴定，根据鉴定目的的不同，其可以分为司法鉴定和个人鉴定。

（1）个人亲子鉴定具有隐私性，所以鉴定委托人有权不提供任何证件。样本可以自行取样，送到专业鉴定机构，其鉴定结果仅提供给鉴定委托人。

（2）司法亲子鉴定则必须携带父母双方身份证及孩子的出生医学证，三方共同到场，由司法鉴定机构工作人员进行样本采集并进行检验鉴定出具鉴定意见书。鉴定结果可以在司法工作中使用（上户口、办移民、打官司等），也可以作为法庭上的证据。

因此，亲子鉴定常用于离婚案件、抚养权争议案件、继承案件等民事纠纷当中，是影响法院判决的重要证据材料，甚至，还可将其作为要求另一方作出赔偿的依据。

52 离婚双方抚养条件相差不大时，孩子判给谁？

　　珊珊与李雷夫妻多年，共同养育着儿子洋洋。但在洋洋 6 岁时，他们的婚姻也走到了尽头，两人决定离婚。然而，两人在孩子的抚养权问题上产生了很大分歧。

　　珊珊认为自己有能力给予孩子一个温暖、安定的家庭，使孩子在良好的教育资源下茁壮成长。而且这么多年来，外公外婆一直跟珊珊、李雷、洋洋一起生活，帮助照顾洋洋多年，了解并熟悉洋洋的生活起居，按照最利于孩子的原则，她主张自己具备提供最适宜洋洋成长环境的能力，希望获得孩子的抚养权。

　　然而，李雷也坚信自己有能力照顾孩子并给予他最好的成长环境。表示自己能给洋洋的抚养条件不比珊珊能给的差，因此李雷也主张孩子的抚养权归自己。

　　由于双方各执一词，无法达成共识，李雷希望通过法律的方式解决争议，于是向法院提起了诉讼。

《民法典》第一千零八十四条

　　父母与子女间的关系，不因父母离婚而消除。离婚后，子女无论由父或者母直接抚养，仍是父母双方的子女。

　　离婚后，父母对于子女仍有抚养、教育、保护的权利和义务。离婚后，不满两周岁的子女，以由母亲直接抚养为原则。

　　已满两周岁的子女，父母双方对抚养问题协议不成的，由人民法院根据双方的具体情况，按照最有利于未成年子女的原则判决。子女已满八周岁的，应当尊重其真实意愿。

《婚姻家庭编司法解释（一）》第四十七条

　　父母抚养子女的条件基本相同，双方均要求直接抚养子女，但子女单独随祖父母或者外祖父母共同生活多年，且祖父母或者外祖父母要求并且有能力帮助子女照顾孙子女或者外孙子女的，可以作为父或者母直接抚养子女的优先条件予以考虑。

根据前述法律规定可知，不满两周岁的子女，以由母亲直接抚养为原则；已满两周岁、未满八周岁的子女，父母双方对抚养问题协议不成的，由人民法院根据双方的具体情况，按照最有利于未成年子女的原则判决。即，夫妻哪一方可以提供更有利于孩子生活的环境和条件，孩子的抚养权就归哪一方。

本案中，对于 6 岁的洋洋，珊珊与李雷两人的收入和抚养条件基本相同，考虑到外祖父母长期照顾洋洋，外祖父母也自愿且有能力帮助珊珊照顾洋洋的情况，法院以此作为优先条件，据此判定孩子的抚养权归珊珊。

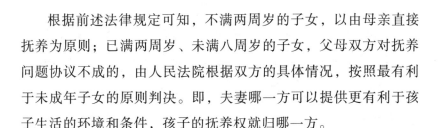

普法小知识

在我国，法律对小孩的抚养权问题是怎么规定的？我们需要知道：

一、不满两周岁的子女

根据《民法典》第一千零八十四条及《婚姻家庭编司法解释（一）》第四十四条规定，离婚案件涉及未成年子女抚养的，对不满两周岁的子女，以由母亲直接抚养为原则。所以，没有特殊情形的话，两周岁以内的小孩，一般由母亲抚养。

但是，如果母亲有下列情形之一的，小孩也可随父亲生活：

（1）母亲患有久治不愈的传染性疾病或其他严重疾病，子女不宜与其共同生活的；

（2）母亲有抚养条件不尽抚养义务，而父亲要求子女随其生活的；

（3）因其他原因，子女确不宜随母方生活的，如母亲的经济能力及生活环境对抚养子女明显不利的，或母亲的品行不端不利于子女成长的，或因违法犯罪被判服刑不可能抚养子女的等等。

二、两周岁以上的子女

抚养权的归属问题，法院有一个大原则，就是"有利于小孩健康成长的原则"。所以，在离婚官司中，一般情况下，双方都会尽可能证明从经济能力、教育能力、陪伴时间等方面，自己都比对方更有利于小孩健康成长。如果双方条件都差不多，双方都要求要抚养权，那么，根据《婚姻家庭编司法解释（一）》第四十六条的规定，一方有下列情形的，法院可以优先考虑抚养权归这一方：

（1）已做绝育手术或者因其他原因丧失生育能力；

（2）子女随其生活时间较长，改变生活环境对子女健康成长明显不利；

（3）无其他子女，而另一方有其他子女（这一条通常适用于重组家庭当中）；

（4）子女随其生活，对子女成长有利，而另一方患有久治不愈的传染性疾病或者其他严重疾病，或者有其他不利于子女身心健康的情形，不宜与子女共同生活。

三、八周岁以上的子女

根据《民法典》第一千零八十四条的规定，八周岁以上的子女，如果父母协商不成的，因为小孩已经有一定的自主意识和认知能力，所以，为了更有利于小孩的成长，应当尊重小孩自己的意愿。

在这种情况下，法院通常会通过单独跟小孩聊天、安排心理咨询师通过心理评测等方式，来判断小孩愿意跟哪一方生活。

但是，这并不是说8周岁以上的小孩可以随意选择随谁生活，法院也会判断父母双方的抚养条件、经济条件等。

53

有抚养权却因意外变故无力抚养时，可以拒绝变更子女的抚养权吗？

李明和玲玲离婚时曾达成共识，儿子小强由李明单独抚养。

然而命运的捉弄让他们在几年后陷入了一场争夺抚养权的战争。原来在他们离婚多年后，李明在车祸中遭受重伤，成为残疾人。消息传到了玲玲的耳中，她深感担忧，认为李明已无法提供足够的照顾和关怀给小强。

她向李明提出了变更抚养权的请求，但李明却坚决拒绝了。他认为，作为小强的父亲，坚信自己能够克服困难，继续尽好父亲的责任。两人的意见激烈冲突，无法妥协。

争夺抚养权

无奈之下，玲玲决定将李明告上法庭，要求变更小孩的抚养权。

《民法典》第一千零五十八条

夫妻双方平等享有对未成年子女抚养、教育和保护的权利，共同承担对未成年子女抚养、教育和保护的义务。

《婚姻家庭编司法解释（一）》第五十六条

一方要求变更子女抚养关系有下列情形之一的，应予支持：

（1）与子女共同生活的一方因患严重疾病或因伤残无力继续抚养子女的；

（2）与子女共同生活的一方不尽抚养义务或有虐待子女行为，或其与子女共同生活对子女身心健康确有不利影响的；

（3）八周岁以上未成年子女，愿随另一方生活，该方又有抚养能力的；

（4）有其他正当理由需要变更的。

《婚姻家庭编司法解释（一）》第五十七条

父母双方协议变更子女抚养关系的，人民法院应予支持。

根据前述法律规定可知，与子女共同生活的一方因患严重疾病或因伤残无力继续抚养子女，另一方可以要求变更子女抚养权。

本案中，李明因车祸受伤无法履行抚养义务，而玲玲是小强的亲生母亲，也有养育小强的能力和愿望。虽然李明是小强的法定抚养人，但是他已经无法履行抚养的责任，李明拒绝变更抚养权的做法是不利于小强的成长和发展的，应当及时纠正，让小强跟随玲玲生活。

因此，法院认为玲玲要求变更小强的抚养权是合理的，符合法律规定和子女最大利益的原则，最终根据照顾子女最大利益原则，判定玲玲胜诉。

普法小知识

在我国，关于抚养权的变更问题，我们需要了解到：

（1）抚养权是指父母对未成年子女的抚养、教育、保护等权利和义务。具体内容包括提供生活、保障健康、教育培养、保护安全等方面。如果父母不履行抚养义务，将会面临法律责任，可能会受到罚款、监禁等处罚。

（2）如果拥有子女抚养权的父母因意外变故无法继续承担抚养义务，应该及时采取行动，寻找其他合适的抚养人选，并且尽快变更子女抚养权。

（3）十八周岁以下的未成年人不可以拒绝变更抚养权。

（4）一方如果有严重疾病、吸毒、家暴、虐待儿童等不利于孩子身心健康成长的，另一方要求变更孩子抚养权应给予支持。无论判给哪一方，另一方仍有抚养、教育的义务，不会因为离婚等原因而消除。

（5）一方患严重疾病或者伤残，必然会影响到对孩子的教育和照料，从孩子成长的角度出发，变更孩子抚养权是很重要的问题。

综上，我们可以知道，孩子抚养权并非想变就能变的，能否变更主要从原抚养方的经济状况、能否照顾子女等情形予以考量，从保护子女健康成长出发予以判断。

54 离婚后，可以要求增加抚养费吗？

　　梦梦和大强是一对离异夫妻，两年前离婚时，双方在离婚协议中已经就孩子的抚养费等问题达成了一致。根据协议，大强每月支付给梦梦2000元，用于抚养他们的孩子辉辉。然而，自辉辉一年前上小学后，其开销便开始猛增，尤其是其医疗费用、兴趣班费用。

　　梦梦意识到大强支付的抚养费已经无法满足儿子的需要，她希望大强能增加抚养费的数额。于是，梦梦开始试图与大强沟通，并向大强提供了儿子的医疗费用和兴趣班费用的开销清单，证明她需要更多的抚养费来照顾儿子。

　　然而，大强不同意增加抚养费的数额，他认为双方已经在协议中达成一致，应严格按照协议办事，况且他已经按照协议履行了自己的义务，梦梦要求再上涨抚养费完全是不合理的。

　　面对僵局，梦梦以辉辉的名义起诉至法院，要求增加抚养费的数额。

《民法典》第一千零八十五条

离婚后，子女由一方直接抚养的，另一方应当负担部分或者全部抚养费。负担费用的多少和期限的长短，由双方协议；协议不成的，由人民法院判决。

前款规定的协议或者判决，不妨碍子女在必要时向父母任何一方提出超过协议或者判决原定数额的合理要求。

《婚姻家庭编司法解释（一）》第五十八条

具有下列情形之一，子女要求有负担能力的父或者母增加抚养费的，人民法院应予支持：

（一）原定抚养费数额不足以维持当地实际生活水平；

（二）因子女患病、上学，实际需要已超过原定数额；

（三）有其他正当理由应当增加。

离婚夫妻应当按照离婚协议或者判决内容支付子女抚养费。但若确实存在有需要增加抚养费的情形时，未成年子女可以依照前述法律规定，向父母任何一方提出增加抚养费的合理要求。

本案中，尽管梦梦和大强此前离婚协议中就孩子的抚养费达成了一致，且一直遵照执行，但梦梦要求增加抚养费的原因是辉辉的兴趣班费用、医疗费用以及学费上涨，同时提交了相关证据证明，符合法律规定的要求上涨抚养费金额的理由。

因此，法院最终判定梦梦诉请合理，根据辉辉的生活费用、医疗费用、学费上涨幅度及当地实际生活水平和大强收入水平，大强每月支付给辉辉的抚养费在原有基础上上涨 1000 元。

普法小知识

父母离婚协议签订后，子女可以要求增加抚养费的情形有哪些？我们要了解：

（1）在我国，离婚夫妻双方都应当履行抚养、教育子女的义务，不得因为自己的经济困难或者其他原因而拒绝支付抚养费。否则，将会受到法律的制裁。为最大限度保护未成年人利益，如果因物价的上涨、孩子患病、上学等其他正当理由等原因需增加子女抚养费时，另一方也有此负担能力的，人民法院应予支持。

（2）应注意的是，子女要求增加抚养费需要有充分的理由和证据支持，否则要求很可能被驳回。同时，子女要求增加抚养费的过程也需要遵循相关法律法规和程序。

我国法律制度亦规定了确定孩子抚养费时的参考依据，因此，在这里也提醒夫妻双方在签订离婚协议时应慎重考虑，协议好子女抚养费，避免今后引起不必要的纷争。

55　非亲生子女，离婚后
　　　　还需要支付抚养费吗？

　　莹莹和大鹏相亲认识，两人很快陷入爱河，并走进了婚姻殿堂。然而，这段婚姻中存在一个特殊的情况——莹莹带来了4岁的女儿小芳。大鹏作为继父，迅速与小芳建立起深厚的感情，并在接下来的日子里与莹莹一起照顾和抚养着小芳长大。

　　然而，生活并非总是一帆风顺。就在小芳即将7岁生日的前一个月，莹莹和大鹏感情破裂，决定离婚。

　　莹莹认为，作为小芳的继父，大鹏对小芳今后的照顾和成长仍然负有重大责任，因此应当承担支付小芳抚养费的义务。

　　然而，大鹏表示，在婚姻关系存续期间，他已充分履行了他作为一个继父的责任，小芳并非他的亲生女儿，离婚后抚养小芳的义务也会随着婚姻关系结束而终止，因此他已没有义务支付小芳的抚养费。

　　双方就小芳的抚养问题长时间争执不休。

《婚姻家庭编司法解释（一）》第五十四条

　　生父与继母离婚或者生母与继父离婚时，对曾受其抚养教育的继子女，继父或者继母不同意继续抚养的，仍应由生父或者生母抚养。

　　根据前述法律规定可知，继父母与继子女的关系，在继父母离婚以后也将自动解除。

　　本案中大鹏作为小芳的继父，在和莹莹离婚后，大鹏与小芳的继父女的关系便也结束了。而大鹏也已经表达其不同意继续抚养小芳的意愿，所以，仍应由生母莹莹自己抚养。

　　因此，大鹏无须支付小芳抚养费。

普法小知识

　　抚养关系是以父母子女之间的血缘或身份关系为基础的，抚养义务具体体现为父母对子女利益的单方付出。因继父与继子之间并不具有血亲关系，在继父与生母已经离婚，且继父明确表示不愿意承担对继子抚养义务的情况下，若仍因离婚协议的约定而强制要求继父承担抚养义务，与常理不符。

　　从《婚姻家庭编司法解释（一）》第五十四条规定可见，继父与生母离婚后，若继父不愿意抚养继子女的，仍应由生母抚养，而继父可不再负担继子的抚养费；但若继父愿意负担一部分或全部抚养费，此为当事人自愿的行为，系属实践性民事行为，而并非法定义务，不可强制履行。

56 收养异性子女，法律有什么要求？

戴先生今年已经 35 周岁了，一直处于单身未婚状态。两个月前，戴先生的发小与其妻子在回乡途中遭遇车祸，夫妻二人当场去世，留下了 6 周岁的女儿月月。

在帮助发小料理后事之后，戴先生才分出精力来考虑这对已故夫妻的孩子月月。由于发小是孤儿，妻子的父母也已于几年前去世，现在月月的抚养问题成为了戴先生最担心的事。

经过仔细考虑之后，戴先生决定自己收养月月。然而，当戴先生带着月月去民政局办收养手续时，却被工作人员告知戴先生与月月的年龄差距不满 40 周岁，不符合收养条件。

无奈之下，戴先生向钟云郗律师寻求法律咨询帮助。

《民法典》第一千一百条

无子女的收养人可以收养两名子女；有子女的收养人只能收养一名子女。

收养孤儿、残疾未成年人或者儿童福利机构抚养的查找不到生父母的未成年人，可以不受前款和本法第一千零九十八条第一项规定的限制。

《民法典》第一千一百零二条

无配偶者收养异性子女的，收养人与被收养人的年龄应当相差四十周岁以上。

《民法典》第一千零九十八条

收养人应当同时具备下列条件：

（一）无子女或者只有一名子女；

（二）有抚养、教育和保护被收养人的能力；

（三）未患有在医学上认为不应当收养子女的疾病；

（四）无不利于被收养人健康成长的违法犯罪记录；

（五）年满三十周岁。

根据前述法律规定可知，收养人与收养子女的条件。

由于戴先生为单身男性，目前年龄为 35 周岁，而月月年龄为 6 周岁，二人年龄差距只有 29 周岁，不满《民法典》第一千一百零二条规定的"无配偶者收养异性子女的，收养人与被收养人的年龄应当相差四十周岁以上"的条件，因此，戴先生才会遭到拒绝。

为了让月月有更好的生活条件，不成为孤儿，戴先生请求笔者支招。在笔者的建议下，戴先生了解到可由无子女或只有一名子女的夫妇帮助收养月月。

根据笔者的建议，戴先生最后成功找到了一对夫妻朋友帮忙收养了月月。

普法小知识

收养制度是我国婚姻家庭中的一项重要制度，因此，《民法典》还单独划定了一章进行规定。

在社会意义上，收养是一种社会家庭关系的重要补充方式，不仅可以使丧失父母的孤儿或因特殊原因不能与父母共同生活的未成年子女，在养父母的培养教育下，享受家庭温暖，得到健康成长；同时，也能帮助一些单身人士、失独家庭或不能生育的父母享受天伦之乐，晚年老有所养。

不过，收养制度中的异性收养问题非常棘手，由于收养人系无配偶者，被收养人又系异性，往往涉及伦理道德和法律规范等问题，一直引发社会关注和网络热议。因此需要我们格外注意合法合规性，严格按法律程序办事。

收养不仅是一个法律问题，更是一个社会问题。收养的初衷本就是为了与孩子组建一个幸福温暖的新家，如果我们确需收养孩子，一定要坚持依法依规，合法收养。

57　立遗嘱必须要办公证吗？

　　老李今年 65 岁了，一个月前，老伴突发脑溢血去世。伤心难过之后，老李深感年事已高，担心自己撒手人寰之后子女之间会因遗产分割问题产生矛盾。

　　老李有两儿一女，最小的女儿在多年前不幸发生车祸，偏瘫在床，夫妻二人平时为照顾女儿就已操碎了心。现在，老李最担心就是自己如果去世，女儿会无人照料，于是想立一个遗嘱，将自己与妻子的财产划分为 5 份，将全部财产的 3/5 都留给女儿、另外两个儿子各 1/5。

　　在自己书写好遗嘱之后，老李拿给自己的好友老张查看，让其出出主意，看看有无遗漏，或是否合法。

　　老李看过之后提出，遗嘱需要公证之后才能生效。

　　疑虑之下，老李找到笔者寻求法律帮助。

《民法典》第一千一百二十三条

继承开始后，按照法定继承办理；有遗嘱的，按照遗嘱继承或者遗赠办理；有遗赠扶养协议的，按照协议办理。

《民法典》第一千一百三十四条

自书遗嘱由遗嘱人亲笔书、签名，注明年月日。

《民法典》第一千一百四十二条

遗嘱人可以撤回、变更自己所立的遗嘱。

立遗嘱后，遗嘱人实施与遗嘱内容相反的民事法律行为的，视为对遗嘱相关内容的撤回。

立有数份遗嘱，内容相抵触的，以最后的遗嘱为准。

根据前述法律规定可知，自书遗嘱是指由遗嘱撰写人自己亲笔书写的遗嘱。这种遗嘱通常不需要公证，但需要符合一些法律规定，例如签名、注明年月日。

经过笔者的解答，老李明白了自己书写的遗嘱属于自书遗嘱，可以不需要公证。

因此，再三确认自己书写的遗嘱内容、签名、日期等并无不妥后，老李满意地结束了本次法律咨询。

普法小知识

立遗嘱必须要办公证吗？我们应该知道，2021年生效的《民法典》把公证遗嘱的优先性删掉了，遗嘱可以不需要办公证。

遗嘱并非一定要公证，可以自行书写。但对于遗嘱，我们需要知道：

（1）遗嘱是指被继承人在生前根据相关法律规定，将自己的合法财产以订立遗嘱的形式进行处分，在遗嘱人去世时发生效力的法律行为，在去世前，觉得遗嘱内容欠缺或者不想立遗嘱，遗嘱人也可以随时更改或撤销遗嘱。

（2）遗嘱是遗嘱人自己的真实意思表示，任何人不得干涉、强迫遗嘱人订立遗嘱，也就是说，遗嘱的内容必须是遗嘱人的真实意思表示，应由遗嘱人本人亲自作出，威胁强迫作出的遗嘱是无效的。如果是代书遗嘱，也必须由遗嘱人本人在遗嘱上签名。

因此，遗嘱公证与否不是遗嘱生效的条件，只要符合法律规定，遗嘱就有法律效力。如果你想使遗嘱效力更强，也可以去作公证，对遗嘱进行公证可以强化遗嘱的证明效力。

58 伪造父亲遗嘱被发现，还能继承遗产吗？

　　小张今年 32 岁，单身未婚，目前家中仅有一名老父亲和一名先天残疾的妹妹，母亲早已在几年前去世。一个月前，小张接到家中通知，原来是父亲病危，小张急忙赶回家。

　　然而没能等到小张到家，父亲就已去世，在父亲的病床前坐了一夜之后，小张拿出"父亲塞在枕头下的遗嘱"。遗嘱上写明，小张父亲将自己与妻子的所有财产分成两部分，全部遗产的 2/3 留给儿子，另外 1/3 留给女儿。

　　然而，小张的妹妹却怀疑这份遗嘱是伪造的。小张妹妹说自己日夜守在父亲床头，从未见父亲留下过遗嘱，况且自己先天残疾，劳动能力弱，并无经济来源，父亲不会这样安排遗产的分割。

　　兄妹二人争执不下，小张妹妹将小张告上法庭，请求法院帮助鉴定遗嘱是否为真。经鉴定机关鉴定，此遗嘱确为伪造。小张妹妹于是请求法院判定小张丧失继承权，由自己继承父亲的全部遗产。

《民法典》第一千一百二十五条

继承人有下列行为之一的，丧失继承权：

（一）故意杀害被继承人；

（二）为争夺遗产而杀害其他继承人；

（三）遗弃被继承人，或者虐待被继承人情节严重；

（四）伪造、篡改、隐匿或者销毁遗嘱，情节严重；

（五）以欺诈、胁迫手段迫使或者妨碍被继承人设立、变更或者撤回遗嘱，情节严重。

继承人有前款第（三）项至第（五）项行为，确有悔改表现，被继承人表示宽恕或者事后在遗嘱中将其列为继承人的，该继承人不丧失继承权。

受遗赠人有本条第一款规定行为的，丧失受遗赠权。

根据《民法典》规定，继承人伪造、篡改、隐匿或者销毁遗嘱，情节严重的，丧失继承权。

本案中，小张与其妹妹都是法定继承人，若父母未设立遗嘱，那么两人都可分割父母遗产，但考虑到妹妹先天残疾劳动能力不足，妹妹可能会多分遗产。而5年前，小张一个人来到大城市创业打拼，后创业失败，血本无归，还欠下了一大笔债务，此时恰在走投无路之际，父亲正好过世，这才让小张生出伪造遗嘱的心思。

最后，法院认为，本案中，小张为多分遗产而伪造遗嘱，侵害了无劳动能力又无生活来源的继承人妹妹的利益，导致妹妹生活困难。因此，小张妹妹向法院起诉主张哥哥丧失继承权，由自己继承父亲的全部遗产的诉请应得到支持。

普法小知识

在现实生活中，我们经常可以看到子女间为争夺遗产而互相斗争，甚至不惜伪造、篡改父母遗嘱，以便让自己获利。那么，伪造遗嘱被发现，还能继承遗产吗？

答案是，伪造遗嘱并不必然导致丧失继承权，只有情况严重的，才会无法继承。

根据民法典及其相关司法解释的规定，伪造遗嘱，且该伪造遗嘱的行为导致了严重的后果，比如使自己获利更多，从而导致享有继承权的缺乏劳动能力又无生活来源的继承人继承得比本来能继承的少或者无财产可继承，造成其生活困难的，就会丧失继承权，不能再继承遗产。

所以，不要伪造、篡改、销毁、隐匿遗嘱。想最大程度争取继承利益的话，应通过合法合理的方式来取得。

59 私生子女有继承权吗?

小明是一名私生子,父亲大健婚内认识了小明母亲,并在未离婚的情况下与小明母亲发生性关系,因此生下小明。

直到小明 5 岁,大健还没有离婚,但也一直与小明母亲、小明住在一起。后来小明的母亲与大健两人因感情不和分手,小明便一直随母亲生活,分手后,大健就不再向小明母亲支付小明的抚养费。

今年 3 月,大健不幸出车祸意外身亡,留下多处房产及大笔遗产。小明的母亲认为小明作为大健的亲生儿子,享有继承权,有权利继承大健的遗产,于是便向大健一家起诉,要求从大健的遗产里分割出小明应得的一份,作为小明的抚养费。

但大健的法定妻子却声称:"你和大健没有法定夫妻关系,这孩子不过是个私生子,没资格分遗产!"

《民法典》第一千零七十一条

非婚生子女享有与婚生子女同等的权利，任何组织或者个人不得加以危害和歧视。不直接抚养非婚生子女的生父或者生母，应当负担未成年子女或者不能独立生活的成年子女的抚养费。

《民法典》第一千一百二十七条

遗产按照下列顺序继承：

（一）第一顺序：配偶、子女、父母；

（二）第二顺序：兄弟姐妹、祖父母、外祖父母。

继承开始后，由第一顺序继承人继承，第二顺序继承人不继承；没有第一顺序继承人继承的，由第二顺序继承人继承。

本编所称子女，包括婚生子女、非婚生子女、养子女和有扶养关系的继子女。

本编所称父母，包括生父母、养父母和有扶养关系的继父母。

> 本编所称兄弟姐妹，包括同父母的兄弟姐妹、同父异母或者同母异父的兄弟姐妹、养兄弟姐妹、有扶养关系的继兄弟姐妹。

从前述法律规定可知，非婚生子女享有与婚生子女同等的权利。因此，无论是婚生子女还是私生子女，在继承权方面都是平等的，私生子女亦拥有继承权。

本案中，小明虽然是大健的私生子，但也有权继承遗产。

尽管诉讼过程中，小明的母亲为小明争取遗产的行为遭到大健法定妻子及相关亲属的强烈反对，但法院根据法律规定，最终判定小明母亲的诉请合理，予以支持。

普法小知识

在我国，私生子女亦拥有继承权，父母之间的婚姻关系和生育方式并不会对私生子女的继承权造成影响。且私生子女的权利与生父母的义务息息相关：

（1）父母对子女有抚养、教育和保护的义务，并且非婚生子女和父母的其他近亲属间亦享有和婚生子女同等的权利义务，比如和祖父母、外祖父母之间，和婚生子女之间等。

（2）生父母应及时认领并负担抚养义务，在继承案件中应依法保护非婚生子女的继承权。生父母应当负担非婚生子女的生活费、教育费、医疗费等子女健康成长所需要的费用。

综上可知，私生子女的继承权是法律赋予的基本权利，应得到尊重和保护。家庭成员之间的关系不应影响其继承权的实现。同时，父母对子女的抚养和教育是一项重要的法定义务，无论子女是婚生还是私生，父母都应当尽到抚养和教育的责任。私生子女与婚生子女享有平等的权利，应该受到平等对待，不应该受到歧视和排斥。

60　养子女有权继承养父母和生父母的遗产吗?

小夏是一名孤儿，他在孤儿院度过了童年。一天，善良的夫妇张先生和李女士决定收养他，给他一个温暖的家。

他们对小夏关怀备至，将他当作自己的亲生子女一样疼爱。他们在生活中给予小夏无微不至的爱护，并决定把自己的财产全部留给他。

然而，小夏却还一直保持着对自己生父母的思念。成年后，小夏找寻到了生父母，得知其生父去世后留下了一笔不菲的遗产。小夏开始思考，如果他继承了养父母的财产，是否还有权利继承生父母的遗产呢?

小夏便向生母询问:"我是否可以继承生父的遗产?"

生母说:"你已经不是我们的'儿子'了，你不能继承我们的遗产。"

小夏于是带着疑问咨询笔者律师团队，询问是否能分得生父遗产。

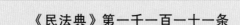

《民法典》第一千一百一十一条

自收养关系成立之日起，养父母与养子女间的权利义务关系，适用本法关于父母子女关系的规定；养子女与养父母的近亲属间的权利义务关系，适用本法关于子女与父母的近亲属关系的规定。

养子女与生父母以及其他近亲属间的权利义务关系，因收养关系的成立而消除。

《民法典》第一千一百二十五条

继承人有下列行为之一的，丧失继承权：

（一）故意杀害被继承人；

（二）为争夺遗产而杀害其他继承人；

（三）遗弃被继承人，或者虐待被继承人情节严重；

（四）伪造、篡改、隐匿或者销毁遗嘱，情节严重；

（五）以欺诈、胁迫手段迫使或者妨碍被继承人设立、变更或者撤回遗嘱，情节严重。

从前述法律规定可知，养子女与养父母形成收养关系之后，彼此之间就形成了父母子女关系，此时，养子女与生父母之间的父母子女关系就相应地解除了。需要注意的是，判断有没有形成抚养关系的标准主要从两个方面进行：

一是有抚养的意思；

二是存在抚养的事实。

因此，在养子女已经与其生父母不存在父母子女关系的情况下，当然对其生父母的遗产不再享有继承权。

本案中，小明作为张先生和李女士的养子，有权利继承养父母的遗产。由于小明已经与养父母形成收养关系，所以与其生父母一家的父母子女关系已经解除，已无权利继承生父母的遗产。

普法小知识

在我国，养子女继承养父母、生父母的遗产，法律如何规定？

（1）在我国，养子女在法律上享有法定保护，可以依法继承养父母的遗产。与养父母形成收养关系后，养子女与生父母之间的父母子女关系相应解除，此时便不可再继承生父母的遗产。

（2）需要注意的是，如果生父母遗嘱中有明确将财产留给子女的意思，那么遗嘱中的规定将优先适用。

（3）虽然与生父母的关系解除，但是，若被收养人对养父母尽了赡养义务，同时又对生父母扶养较多的，也可以适当地分得生父母的遗产。

61 继子女有权继承继父母和生父母的遗产吗？

小苗的成长经历并不寻常。作为一名继子，父亲再婚后他就跟随继母生活。继母是一个温柔体贴的女人，她对小苗像亲生子一样照顾备至。小苗在她的陪伴下度过了许多快乐而温暖的日子。

几年后，这个家庭又迎来了一个可爱的妹妹甜甜。小苗对甜甜充满了爱和关怀，视其如亲妹妹一般，始终尽力保护着她。

成年之后，父亲和继母相继离世，留下了一笔可观的遗产，没想到这笔遗产却引发了一场意想不到的争执。

甜甜认为小苗并非甜甜母亲的亲生子女，并没有权利继承母亲的遗产，只能继承其生父母的遗产。

小苗并不同意这种说法，然而甜甜坚持认为自己是唯一的继承人，双方争执不下。

《民法典》第一千一百二十七条

遗产按照下列顺序继承：

第一顺序：配偶、子女、父母。

第二顺序：兄弟姐妹、祖父母、外祖父母。

继承开始后，由第一顺序继承人继承，第二顺序继承人不继承。没有第一顺序继承人继承的，由第二顺序继承人继承。

本编所说的子女，包括婚生子女、非婚生子女、养子女和有扶养关系的继子女。

本编所说的父母，包括生父母、养父母和有扶养关系的继父母。

本编所说的兄弟姐妹，包括同父母的兄弟姐妹、同父异母或者同母异父的兄弟姐妹、养兄弟姐妹、有扶养关系的继兄弟姐妹。

《民法典》第一千零七十二条

继父母与继子女间，不得虐待或者歧视。

继父或者继母和受其抚养教育的继子女间的权利义务关系，适用本法关于父母子女关系的规定。

根据我国《民法典》的规定，兄弟姐妹，包括同父母的兄弟姐妹、同父异母或者同母异父的兄弟姐妹、养兄弟姐妹、有扶养关系的继兄弟姐妹。有抚养关系的继子女在继承继父母的遗产时，享有与生子女、养子女相同的继承权利。

需要注意的是，判断有没有形成抚养关系的标准主要从两个方面进行：一是有抚养的意思；二是有抚养的事实。

本案中，小苗作为继子，可以继承继父母的遗产。甜甜对于认为小苗只能继承生父母的遗产的认识是错误的。

普法小知识

在我国，继子女继承继父母、生父母的遗产，法律如何规定？

（1）判断继父母子女之间是否享有继承权，以是否形成抚养关系为标准。司法实践中一般会参考：继父母结婚时，孩子是否已经成年？孩子是否跟着继父母共同生活？等具体案情来分析判断继子女是否受到继父母的抚养教育。

（2）在我国，法律规定继子女在继承生父母和继父母的遗产时，享有与生子女和养子女相同的继承权利。他们的继承份额应按照法定继承顺序和法定继承份额确定。

（3）继子女与养子女最大的不同在于：

继子女与继父母之间因抚养关系而形成的父母子女关系是一种拟制的血亲关系，他们之间形成这种关系后，继子女和其生父母的血亲关系并不会因此而解除。也就是说，在这种情况下，继子女和继父母之间以及生父母之间形成了双重的父母子女关系。

因此，继子女在继承了继父母的遗产后，对生父母的遗产还有继承权。

而养子女和养父母形成父母子女关系之后，养子女与生父母之间的父母子女关系就解除了，养子女不可再继承生父母的遗产。

（4）如果遗嘱中有明确的继承规定，那么遗嘱中的规定将优先适用。

62　离婚后对方不允许
探望子女，违法吗？

　　宋铭和晓红是一对离异夫妻，离婚前，双方育有一女小艺。离婚时双方约定，小艺的抚养权归晓红所有，宋铭每月支付 1000元抚养费，并有权每周末探望小艺一次。

　　但是，随着时间的推移，宋铭越来越忙，很难按时去探望小艺，晓红对此颇有不满。在宋铭打电话跟晓红商量探望时间时，晓红找各种理由拒绝他的请求，比如说小艺不想见他，或者自己有事要出门等。

　　后来，晓红干脆直接跟宋铭说："你只是每个月付一些抚养费，你有关心过小艺吗？不合格的父亲还来探视什么女儿？以后别再来！"至此，晓红决定不再让宋铭探望小艺。

　　宋铭对晓红的这一决定非常愤怒，自己作为父亲，难道连自己的女儿都不能探望吗？于是转头便向法院起诉了晓红。

《民法典》第一千零八十六条

离婚后，不直接抚养子女的父或者母，有探望子女的权利，另一方有协助的义务。

行使探望权利的方式、时间由当事人协议；协议不成的，由人民法院判决。

父或者母探望子女，不利于子女身心健康的，由人民法院依法中止探望；中止的事由消失后，应当恢复探望。

《婚姻家庭编司法解释（一）》第六十八条

对于拒不协助另一方行使探望权的有关个人或者组织，可以由人民法院依法采取拘留、罚款等强制措施，但是不能对子女的人身、探望行为进行强制执行。

从上述法律规定可知，离婚后，不直接抚养子女的父或者母，有探望子女的权利，另一方有协助的义务。探望权是离异父母依法享有的法定权利，不得任意阻碍、限制甚至剥夺。只有行使探望权不利于子女的身心健康，有的甚至严重损害子女的利益时，才应对其探望权的行使给予必要的限制。

本案中，尽管宋铭因工作繁忙，没有履行每周探视小艺的约定，但是宋铭在积极探视女儿时，晓红也应积极协助。晓红仅从自己个人感受出发，主观判断宋铭对女儿缺少关心关注，而断然禁止宋铭探视，没有尊重小艺的个人意愿，忽略了小艺对父亲的需要，同时并未积极协助宋铭探视小艺，违反了法律规定。

在宋铭的据理力争下，法院最终判定宋铭胜诉，其有权探望女儿小艺，晓红应当积极协助，并不得阻止。

 普法小知识

关于离婚后父母对子女的探望权，法律如何规定？

（1）探望权是离婚后父亲或母亲对子女的一项法定权利，父母子女之间基于血统关系而形成的情感，不会因为父母离婚而变化。

（2）离婚后不与子女共同生活的一方，可通过探望子女，与子女交流，和子女短暂生活等多种形式行使探望权。

探望权是亲权的派生权利，旨在保护未成年子女的利益，增进子女与非直接抚养之父或母一方的情感沟通和交流，更好地实现父母对子女的抚养教育。虽然双方已经离婚，但仍然是孩子的爸爸妈妈，应从有利于子女成长和身心健康的角度出发，本着互谅互让的原则，正确行使权利、恰当履行义务，照顾未成年子女的情感和意愿，共同协商解决分歧。

63　子女拒绝看望父母，违法吗？

丽丽是家中长女，家里还有一个比他小 3 岁的弟弟小君。

从小到大，丽丽的父母一直把弟弟排在第一位，小时候家里的经济条件不好，好的玩具是弟弟的，好吃的也是弟弟的。丽丽考上大学之后，丽丽的父母甚至还以女孩读书没用、浪费钱等原因拒绝给小丽交学费，丽丽只好自己申请助学贷款，靠勤工俭学以及打零工完成了自己的学业。

毕业找到工作之后，丽丽搬离了原住处自己在外租了房子。由于小时候父母待她的明显不公，丽丽心里对父母早已失望透顶，搬出去之后更是极少与父母保持联系。

时间转眼即逝，丽丽的父母年事渐高，也慢慢知晓了自己在早年时对于丽丽的种种不公，心中后悔万分。虽然丽丽每个月固定往家里寄一定的生活费用，但从不回去看望父母。丽丽的父母多次打电话要求丽丽回去看望他们，但是都被丽丽拒绝了。

为见女儿，丽丽的父母只得将其告上法庭，要求女儿尽看望义务。

《宪法》第四十九条

父母有抚养教育未成年子女的义务，成年子女有赡养扶助父母的义务。

《老年人权益保障法》第十八条

家庭成员应当关心老年人的精神需求，不得忽视、冷落老年人。

与老年人分开居住的家庭成员，应当经常看望或者问候老年人。

用人单位应当按照国家有关规定保障赡养人探亲休假的权利。

根据以上法条可知，成年子女有赡养扶助父母的义务。而赡养老人除了经济供养、生活照料以外，还包括精神慰藉，关心老人的精神需求。

本案中，丽丽虽然每个月定时向家里提供生活费，但是却常年不回家看望年事已高的父母，没有尽到给父母提供精神慰藉的义务。虽然基于丽丽的童年经历，丽丽与父母的关系一直处于较为紧张的状态，但是其父母已经表达出悔意，应给予谅解。

法院最终判定丽丽的父母诉请合理，丽丽至少应当每两个月看望一次父母。

普法小知识

关于子女看望父母的义务，法律上如何规定？

（1）法律规定，子女有看望父母的义务，如果子女仍不履行看望义务，父母可申请强制执行，执行过程依据情节的轻重对子女予以罚款直至强制拘留。反之，对于父母来说，要求子女看望是一种权利。

（2）用人单位应当按照国家有关规定保障赡养人探亲休假的权利。

子女对父母的看望权利和义务，在法律中又被称为"常回家看看"条款，赡养父母从来不只是一个法律的问题，也是我国千百年来一直奉行的传统道德，即"孝道"。随着我国老龄化问题的加重，社会上的空巢现象也越来越普遍，空巢期也将明显延长。虽然很多父母不会愿意将自己的孩子告上法庭，但是"常回家看看"条款作为法律的硬性规定，也赋予老人在关键时刻能够拿起法律武器来捍卫自己获得精神赡养的权利。

64 解除收养关系后，养子女还需要承担赡养义务吗？

　　莹莹和李龙共同收养了刚出生的小源，三人的家庭关系和睦，生活幸福。然而，在小源 28 岁时，莹莹不幸出了车祸，因抢救不及时而去世。莹莹去世之后，李龙一蹶不振，丢了工作，每日颓废酗酒，与小源之间的关系也逐渐恶化。此后，二人很少见面，李龙一人独自生活。

　　两年后，李龙身体情况每况愈下，期间看病以及买药等支出让他难以负担，于是请求小源给付他 1000 元的看病费用，小源以资金紧缺为由拒绝了。之后李龙一直因为此事怀恨在心，父子之间的关系越来越紧张，最后几乎断了联系。

　　一年后，李龙将小源诉至法院，要求法院解除其与小源之间的收养关系，并要求小源每个月给付自己生活费 800 元。

《民法典》第一千一百一十五条

养父母与成年养子女关系恶化、无法共同生活的，可以协议解除收养关系。不能达成协议的，可以向人民法院提起诉讼。

《民法典》第一千一百一十八条

收养关系解除后，经养父母抚养的成年养子女，对缺乏劳动能力又缺乏生活来源的养父母，应当给付生活费。因养子女成年后虐待、遗弃养父母而解除收养关系的，养父母可以要求养子女补偿收养期间支出的抚养费。

生父母要求解除收养关系的，养父母可以要求生父母适当补偿收养期间支出的抚养费；但是，因养父母虐待、遗弃养子女而解除收养关系的除外。

根据《民法典》规定，养父母与成年养子女关系恶化、无法共同生活的，可以协议解除收养关系。收养关系解除后，经养父母抚养的成年养子女，对缺乏劳动能力又缺乏生活来源的养父母，应当给付生活费。

本案中，李龙与小源的关系在莹莹去世后联系减少，并且经过借钱一事之后关系越发紧张，几乎断了联系，属于《民法典》规定的关系恶化、无法共同生活的情况，因此李龙可以与已经成年的小源协议解除收养关系。

在经济赔偿方面，虽然二人之间的收养关系解除，但鉴于小源是由李龙抚养长大，且此时李龙年事已高、疾病缠身，已经丧失了劳动能力，并且也没有生活来源，依照法律规定，小源有义务向李龙每个月给付一定的生活费用。

最终，法院判定李龙诉请合理，予以支持。

 普法小知识

关于收养关系的解除和赡养义务，法律如何规定？

（1）养子女在成年之后如果与养父母之间关系恶化到无法共同生活的，是可以协议解除收养关系的。如果协议不成功，可以交给法院进行判决。但需要注意的是，在这种条件下，养子女必须已经成年，否则养父母是不能解除收养关系的，有法律规定的条件除外。

（2）在解除收养关系之后，经养父母抚养的成年养子女支付赡养费的前提，是养父母同时符合"缺乏劳动能力"和"缺乏生活来源"这两项条件。即这个法律规定背后的逻辑，指出了即使养父母与养子女之间的收养关系结束，但是养子女仍然有义务给付一定的物质赡养，以解决养父母最基础的温饱、生存问题。

65 父母去世后，孙子女对祖父母有赡养义务吗？

张老根一共有三个儿子，分别为张老大、张老二和张老三。张老根年事已高，已丧失劳动能力，也没有其他生活来源，于是与自己的三个儿子约定，每个月张老大、张老二和张老三分别给张老根转 1000 元的生活费。

后来张老大因病先于张老根离世，留下了一个儿子张小小。张老根就让张老大膝下 28 岁的儿子张小小，每个月替他父亲向自己转 1000 元的生活费用，也算是替他去世的父亲尽尽孝道了。

张小小表示，张老根是自己的爷爷，但是自己的两个叔叔张老二和张老三，目前是有足够的能力去赡养张老根的，不需要作为孙子的自己再去履行赡养义务，而且自己最近刚结婚成家，有了孩子，用钱的地方很多，资金紧张，无法支付这笔费用，拒绝了张老根的请求。

张老根一气之下将张小小告上了法庭。

你代替你爸向爷爷支付赡养费怎么了？

爷爷，我还要养家，叔叔们有能力赡养您呀！

《民法典》第一千零七十四条

有负担能力的祖父母、外祖父母，对于父母已经死亡或者父母无力抚养的未成年孙子女、外孙子女，有抚养的义务。

有负担能力的孙子女、外孙子女，对于子女已经死亡或者子女无力赡养的祖父母、外祖父母，有赡养的义务。

根据前述法律规定可知，父母过世后，孙子女对祖父母履行赡养义务，需要同时具备以下条件：（1）孙子女、外孙子女是有负担能力的成年人；（2）祖父母、外祖父母的子女已经死亡或子女无力赡养；（3）祖父母、外祖父母必须是需要赡养的人。

本案中，张老根年事已高，丧失了劳动能力，确实是需要赡养的对象，但张老根除了张老大之外，还有张老二和张老三两个儿子可为其提供赡养费，且两人亦完全有能力赡养张老根。相比之下，被告人张小小虽然已经年满 28 岁，但作为张老根的孙子，其成家后经济压力较大，且需抚养幼子，并无额外负担能力。

因此，法院认为，张小小暂不需要承担张老根赡养义务，驳回了张老根的诉请。

普法小知识

　　如何理解法律规定的孙子女、外孙子女对祖父母，外祖父母的赡养义务？

　　（1）有负担能力，是指孙辈以自己的收入能够满足自己及自己子女的生活、教育、医疗费用等需求后，仍有剩余能力可以向祖辈提供经济支持。

　　（2）子女无力赡养，是指祖父母、外祖父母的子女不能以自己的收入满足父母合理的生活、教育、医疗等需要，这里的"子女"包括祖辈的全部子女。

　　综上，赡养父母是子女的法定义务，但在一些特定情况下，孙子女和外孙子女也可能需要承担赡养义务。赡养不仅包括经济支持，还包括生活照料和精神慰藉。

　　在孙子女、外孙子女承担赡养义务的情况下，子女即使无经济负担能力，也要履行生活照料和精神慰藉的赡养义务，共同承担对老人的赡养，不能以自己年龄大亦需赡养作为推脱对父母履行赡养义务的理由。

第六部分

公序良俗原则篇

在婚姻生活中，除了探索与挑战，我们还面临着许多选择与取舍。当面临情与法的冲突、权利与义务的碰撞时，我们该如何判断前路，正确取舍？法律是显露的道德，道德是隐藏的法律，作为道德的底线，法律在公序良俗的规定上也给我们指出了抉择方向。

本篇通过冲突性、热点性的案例解析，向我们展示了婚姻遇到法时，道德与法律的基本界限，为我们今后的婚姻生活指明了方向。

66 "姑表亲，
亲上加亲"违法吗?

张明今年过完年就要 34 岁了，看着仍然还是单身的儿子，父亲老张愁得吃不下睡不着。

直到大年初二时，老张的妹妹张梅带着一双儿女来给他这个舅舅拜年，他看着这个 26 岁了还没嫁出去的外甥女儿，心里顿时有了主意。

当天晚上他就把妹妹叫到一边说话，表示想撮合两个孩子结为夫妻，她这个姑母变岳母，亲上加亲，而且还不用担心女儿嫁到别人家受委屈。

张梅一听，有些心动，确实如哥哥所说，她以后不用担心女儿嫁给外人受欺负，而且这俩孩子确实从小就玩得好，指不定还真有这可能呢。

于是她回到房间和女儿提了这件事，没想到女儿听完非常生气，大声反对，还教育自己这样做是违法的。

张梅觉得惊奇，表示老一辈中表兄妹结婚的不少，怎么会是违法的呢？

《民法典》第一千零四十八条

直系血亲或者三代以内的旁系血亲禁止结婚。

《民法典》第一千零五十一条

有下列情形之一的，婚姻无效：

（一）重婚；

（二）有禁止结婚的亲属关系；

（三）未到法定婚龄。

《民法典》第一千零五十四条

无效的或者被撤销的婚姻自始没有法律约束力，当事人不具有夫妻的权利和义务。同居期间所得的财产，由当事人协议处理；协议不成的，由人民法院根据照顾无过错方的原则判决。对重婚导致的无效婚姻的财产处理，不得侵害合法婚姻当事人的财产权益。当事人所生的子女，适用本法关于父母子女的规定。

张梅的女儿本就是学法律的，见母亲无法理解，于是开始向母亲耐心讲解。

张梅的女儿表示，根据《民法典》的规定，直系血亲或者三代以内的旁系血亲是禁止结婚的，自己与表哥张明正是属于第三代血亲，如果结婚，就是违法。即使他们申请登记结婚，婚姻登记机关也不会发给他们《结婚证》。而且，就算私下结婚，也不会得到法律认可，法律不会给他们任何法定夫妻应该有的财产保障等一系列权利……

说到这里，张梅才彻底醒悟过来，并连连摆手，表示再也不会提及此事了，同时还要提醒哥哥也打消这个念头……

普法小知识

"姑表亲，亲上加亲"违法吗？

讨论这个问题的核心在于明确"近亲"的定义——三代以内的血亲都属于近亲，法律明文禁止近亲结婚，因为这不仅涉及优生优育的问题，而且更是对社会伦理道德的颠覆，不利于整个社会文明的进步和发展。

但是有一种情况是可以例外的，即"表亲"之间没有血缘关系，一方为继子女或养子女，则这种情况不在法律禁止结婚的关系之列。

现代社会之所以禁止近亲结婚，是因为近亲结婚可能会造成后代死亡率高、素质差等问题，近亲结婚后代出现弱智、痴呆、畸形、多病、夭折和遗传病的概率也很高。因此，为了优生优育，提高人口素质等原因，我国法律才作出了禁止近亲结婚的规定。

67 "扶弟魔"妻子偷偷为弟弟买房，丈夫能要求弟弟还钱吗？

　　刘宇与妻子王静结婚已经10年了，双方感情一直很好，并且有一个可爱的女儿，家庭生活十分幸福。然而，最近两人却因为一件大事发生了争吵，甚至闹上了法庭。

　　原来，结婚以来，有一件事一直让刘宇非常无奈。因为出生在一个重男轻女的家庭，妻子王静从小就习惯了对家庭付出，尤其是对自己的亲弟弟王强，几乎是无条件付出，俨然成了一个"扶弟魔"。

　　结婚以后，妻子仍经常接济帮助弟弟，刘宇也一直睁一只眼闭一只眼，并未计较，但这次妻子却是偷偷干了一件"大事"：妻子背着自己，偷偷用家中积蓄为弟弟买了一套房！

　　想到自己辛辛苦苦工作，工资上交妻子，但妻子却一直想着娘家，刘宇再也憋不住了，态度强硬地要求妻子的弟弟王强还钱。

没想到王静偏帮弟弟，说弟弟马上就要结婚了，自己作为姐姐帮衬弟弟买房是理所应当的，让弟弟不用还。

　　见妻子如此态度，王强也拒不还钱，刘宇只得寻求笔者的法律帮助。

《民法典》第一千零六十二条

　　夫妻在婚姻关系存续期间所得的下列财产，为夫妻的共同财产，归夫妻共同所有：

　　（一）工资、奖金、劳务报酬；

　　（二）生产、经营、投资的收益；

　　（三）知识产权的收益；

　　（四）继承或者受赠的财产，但是本法第一千零六十三条第三项规定的除外；

　　（五）其他应当归共同所有的财产。

　　夫妻对共同财产，有平等的处理权。

《民法典》第一千零六十六条

婚姻关系存续期间，有下列情形之一的，夫妻一方可以向人民法院请求分割共同财产：

（一）一方有隐藏、转移、变卖、毁损、挥霍夫妻共同财产或者伪造夫妻共同债务等严重损害夫妻共同财产利益的行为；

（二）一方负有法定扶养义务的人患重大疾病需要医治，另一方不同意支付相关医疗费用。

根据《民法典》规定，夫妻在婚姻关系存续期间工资收入，为夫妻的共同财产，归夫妻共同所有，且夫妻对共同财产，有平等的处理权。

钟云郗律师为刘宇分析解答了他的困惑：

首先，本案中，妻子王静为弟弟买房利用的是家中积蓄，是夫妻两人的共同财产，刘宇对这笔积蓄应该有平等的处理权，王静偷偷取用，其行为是不合法的。

根据《民法典》第一千零六十六条可知，"扶弟魔"王静用夫妻共同积蓄给弟弟买房的行为可以被认定为严重损害夫妻共同财产利益，因此刘宇可以通过向法院起诉弟弟的方式，主张王静无权处理夫妻的共同财产，妻子给弟弟的钱中属于丈夫的那部分赠与是无效的，要求弟弟返还。

经过笔者分析后，刘宇按此步骤操作，最终讨回了这笔钱财，避免了财产损失。

普法小知识

　　我国《民法典》明确规定,"夫或妻对夫妻共同所有的财产,有平等的处理权。"对于这一规定,应当理解为:

　　(一)夫或妻在处理夫妻共同财产上的权利是平等的。因日常生活需要而处理夫妻共同财产的,任何一方均有权决定。

　　(二)夫或妻非因日常生活需要对夫妻共同财产做重要处理决定,夫妻双方应当平等协商,取得一致意见。他人有理由相信其为夫妻双方共同意思表示的,另一方不得以不同意或不知道为由对抗善意第三人。

　　若妻子使用的是夫妻共同财产为弟弟买房,丈夫是能要求还钱的。因为这首先就侵犯了丈夫对共同财产的平等处理权。在这种情况下,丈夫可以通过起诉分割夫妻共同财产,来达到要求还钱的目的。当然,若我们在婚姻生活中发现了这样的"扶弟魔",为了避免在婚姻中遭遇损失,我们还是应该提前防范,选择签订婚前或婚内财产协议,以书面的形式约定好财产归属,以免造成家庭财产损失。

68 夫妻一方赠与财物给婚外情人，另一方能要回来吗?

　　最近，方静察觉到丈夫余磊有些不对劲，总是在深夜接电话回消息，并且还会特意躲进厕所里。

　　这让方静开始留心余磊最近的行踪和消费记录。

　　这天晚上余磊洗澡时，她查看余磊的钱包，里面多出了一张新办的信用卡，她脑中念头一闪，又拿出余磊的手机查看消费记录，果然看到了多笔在奢侈品品牌店的消费记录，她立刻拿出自己的手机把这些记录都拍下来。

　　做完这些之后，等到余磊出来，方静拿出手机给他看刚才拍的照片，问他这些东西都送给谁了，余磊被她这一招打得措手不及，只能承认自己在外面有第三者了。

　　方静表示，只要他能把那些钱物都追回来并保证以后和第三者断绝往来，她可以当作什么都没发生过。

　　余磊认为送出去的东西再要回来，他很没面子，死活不肯。

　　方静只得上诉法院，要求第三者全部返还钱物。

《民法典》第一百五十三条

违反法律、行政法规的强制性规定的民事法律行为无效。但是，该强制性规定不导致该民事法律行为无效的除外。

违背公序良俗的民事法律行为无效。

《民法典》第六百六十三条

受赠人有下列情形之一的，赠与人可以撤销赠与：

（一）严重侵害赠与人或者赠与人近亲属的合法权益；

（二）对赠与人有扶养义务而不履行；

（三）不履行赠与合同约定的义务。

赠与人的撤销权，自知道或者应当知道撤销事由之日起一年内行使。

《民法典》第一千零六十二条

夫妻在婚姻关系存续期间所得的下列财产，为夫妻的共同财产，归夫妻共同所有：

（一）工资、奖金、劳务报酬；

（二）生产、经营、投资的收益；

（三）知识产权的收益；

（四）继承或者受赠的财产，但是本法第一千零六十三条第三项规定的除外；

（五）其他应当归共同所有的财产。

夫妻对共同财产，有平等的处理权。

丈夫余磊在送出财物给婚外情对象时，没有经过妻子方静的同意，严重侵害了方静对于夫妻共同财产的合法权益，因此，方静作为夫妻共同财产的持有者，有权依法追回相应财物。

同时，《民法典》亦明确规定，违背公序良俗的民事法律行为无效。

本案中，余磊赠与第三者钱物是为维持婚外不正当关系的目的，擅自将夫妻共同财产赠与第三人引发的赠与纠纷，这种赠与行为没有法律效力。

在诉讼过程中，方静出示了所有证明材料及丈夫出轨的证据，请求法院判决追回财物，最终得到了法院支持。

普法小知识

夫妻一方基于不正当关系的赠与行为是否有效？

首先，我国《民法典》明确规定，夫妻对共同财产，有平等的处理权。夫妻一方均可对日常生活支出行使家事代理权，代表夫妻双方进行处分，但并不代表任何一方可以对共同财产任意处分。夫妻共同财产作为不可分割的整体，未经一方同意赠与他人，尤其是该赠与严重侵害赠与人或者赠与人近亲属的合法权益时，绝对是不受法律支持的，其完全违反了《民法典》规定。

其次，夫妻一方基于不正当关系的赠与，亦违背了公序良俗，应为无效，第三人应返还全部受赠的夫妻共同财产。至于第三人主观上是否知道赠与人的婚姻状况、是否存在过错等情况不会影响赠与行为违法的认定。

69 嫖娼被抓，
会通知家属吗？

杨卓最近和妻子露露闹了矛盾，现在露露正和杨卓闹情绪，甚至不许他回家。

杨卓又气又难过，自己一个人去酒馆喝闷酒，喝多后在回家路上看到路边散落的"小卡片"，心想找个人来听他倒一下苦水也好，也为了报复妻子的冷落，于是捡起一张卡片，拨通了上面的电话号码，两人约定在某某旅店见面。

对方倒是很快就来了，但是由于杨卓喝多了，吐得身上到处都是秽物，对方只得给他脱衣服擦洗，没想到就在此时执法人员突然上门例行扫黄，将两人抓了个正着。

杨卓的酒立刻被吓醒了大半，请求执法人员，罚款也好，拘留也好，只求不要通知家里人，不然他以后再也没脸做人了。

《治安管理处罚法》第六十六条

卖淫、嫖娼的，处十日以上十五日以下拘留，可以并处五千元以下罚款；情节较轻的，处五日以下拘留或者五百元以下罚款。

在公共场所拉客招嫖的处五日以下拘留或五百元以下罚款。

《治安管理处罚法》第八十三条

对违反治安管理行为人，公安机关传唤后应当及时询问查证，询问查证的时间不得超过八小时；情况复杂、依照本法规定可能适用行政拘留处罚的，询问查证的时间不得超过二十四小时。

公安机关应当及时将传唤的原因和处所通知被传唤人家属。

《治安管理处罚法》第九十七条

公安机关应当向被处罚人宣告治安管理处罚决定书，并当场交付被处罚人；无法当场向被处罚人宣告的，应当在二日内送达被处罚人。决定给予行政拘留处罚的，应当及时通知被处罚人的家属。

有被侵害人的，公安机关应当将决定书副本抄送被侵害人。

《刑事诉讼法》第八十五条

公安机关拘留人的时候，必须出示拘留证。

拘留后，应当立即将被拘留人送看守所羁押，至迟不得超过二十四小时。除无法通知或者涉嫌危害国家安全犯罪、恐怖活动犯罪通知可能有碍侦查的情形以外，应当在拘留后二十四小时以内，通知被拘留人的家属。有碍侦查的情形消失以后，应当立即通知被拘留人的家属。

　　根据《治安管理处罚法》第六十六条规定，卖淫、嫖娼的，处十日以上十五日以下拘留，可以并处五千元以下罚款；情节较轻的，处五日以下拘留或者五百元以下罚款。

　　在被警方讯问过程中，杨卓坦白了自己"嫖娼"的过程，一再强调自己只是打了电话、约到了旅店，什么都还没做。

　　经过查证，警方鉴于他的情节较轻，且是初犯，最后只对其处以了三百元罚款。

　　经过这次事件后，杨卓发誓再也不会做这种糊涂事了。

普法小知识

　　根据我国《治安管理处罚法》，嫖娼被抓是否会通知家属，主要看嫖娼被抓住之后是给予罚款还是拘留，以及是否构成犯罪：

　　（1）嫖娼被抓的处罚结果如果只是罚款，单独处罚，一般不会通知家属。

　　（2）如果是被拘留或者构成犯罪的话，因涉嫌人身自由问题等利害关系，通常会通知家属，有些家属还能根据案件情况进行处理。

　　我们要知道，嫖娼不仅违反《治安管理处罚法》规定，其本身还涉及婚姻的忠诚问题，严重损害夫妻感情，甚至造成婚姻破裂，为了维护自己家庭的幸福和谐，成年人一定要遵纪守法，不要犯错后才知悔之晚矣。

70 离婚时约定禁止任何
一方再婚，违法吗？

郑滔最近在和妻子文燕闹离婚，他认为两人的婚姻充满争吵，失去了一切爱意，已经走到了尽头，理应结束。

但是文燕却不肯放手，两人拉扯许久，最终才签订了一份离婚协议书，不仅详细规定了财产的划分，最后还有一条重磅条款：禁止任何一方离婚后再结婚。

双方签下了自己的名字，很快就办完了全部的离婚手续和财产分割。

然而不到一年，文燕就听说了郑滔和另外一个女人的婚讯，于是找过去质问，并说按照离婚协议，他这样做就要把离婚前的夫妻共同财产全部赔给她。

然而郑滔却表示离婚协议中的这项条款是违法的，根本没有任何法律效力。

双方争执不休，最终闹上了法院。

《民法典》第一千零四十一条

婚姻家庭受国家保护。

实行婚姻自由、一夫一妻、男女平等的婚姻制度。

保护妇女、未成年人、老年人、残疾人的合法权益。

《民法典》第一千零四十二条

禁止包办、买卖婚姻和其他干涉婚姻自由的行为。禁止借婚姻索取财物。

禁止重婚。禁止有配偶者与他人同居。

禁止家庭暴力。禁止家庭成员间的虐待和遗弃。

《民法典》第一千零四十六条

结婚应当男女双方完全自愿，禁止任何一方对另一方加以强迫，禁止任何组织或者个人加以干涉。

根据《民法典》的相关条款规定，我国公民具有婚姻自由的权利，禁止干涉他人婚姻自由的行为，因此夫妻双方离婚时约定禁止任何一方再婚的约定，不论是口头约定还是书面协议，都没有法律效力。

因此，文燕与郑滔在"离婚协议"中签订的"禁止任何一方离婚后再结婚"的条款确属无效。

法院认为，郑滔与文燕双方已解除婚姻关系，文燕要求郑滔在离婚后不得再和其他人结婚，明显干涉了郑滔的婚姻自由，违背法律规定。

最终，法院判定，双方的"离婚协议"中"禁止任何一方离婚后再结婚"条款无效，文燕不得干涉郑滔再婚，郑滔也无须向文燕赔偿。

普法小知识

夫妻离婚时约定禁止任何一方离婚后再婚，违法吗？

我国《民法典》明确规定，实行婚姻自由、一夫一妻、男女平等的婚姻制度。

因此，"夫妻离婚时约定禁止任何一方在离婚后再婚"是干涉他人婚姻自由的行为。国家保护每个人的婚姻自由，任何人不得对他人的婚姻自由加以干涉，若加以干涉则属于违法行为。

这个案例也正好提醒我们，若婚姻经营不下去需要离婚，夫妻双方签署离婚协议时，最好咨询专业律师，以防协议中出现不合法、不合理的条款，损害自身利益。

71 孩子不是亲生的，可以要求返还抚养费吗？

郝恒晚上带着 4 岁的儿子出门溜达时，一个老太太见孩子可爱就上来逗他，她突然"噫"了一声，然后紧接着说："我说这孩子看着咋那么眼熟呢，跟幼托班的陈老师简直一个模子刻出来的！"

郝恒最初没多想，可是看着孩子的大眼睛和双眼皮，心中难免产生了一些动摇，于是回家后就半开玩笑似地跟妻子宋薇说起了这件事，本以为宋薇也会跟着一笑了之，却没想到她神色慌张，似乎心里真藏了个不得了的秘密。

于是他提出了去作亲子鉴定，没想到宋薇却直接在他面前跪了下来，向他坦白了两个孩子都不是他亲生的事实。

听完妻子的话，郝恒不禁一阵天旋地转，眼前发黑。

冷静下来后，郝恒向妻子提出了离婚，宋薇自知理亏，只得答应，但双方却在孩子的抚养问题上产生了分歧。

《民法典》第一千零四十三条

家庭应当树立优良家风，弘扬家庭美德，重视家庭文明建设。

夫妻应当互相忠实，互相尊重，互相关爱；家庭成员应当敬老爱幼，互相帮助，维护平等、和睦、文明的婚姻家庭关系。

《民法典》第一千零八十七条

离婚时，夫妻的共同财产由双方协议处理；协议不成的，由人民法院根据财产的具体情况，按照照顾子女、女方和无过错方权益的原则判决。

对夫或者妻在家庭土地承包经营中享有的权益等，应当依法予以保护。

《民法典》第一千零九十一条

有下列情形之一，导致离婚的，无过错方有权请求损害赔偿：

（一）重婚；

（二）与他人同居；

（三）实施家庭暴力；

（四）虐待、遗弃家庭成员；

（五）有其他重大过错。

根据《民法典》规定，夫妻应当互相忠实。

宋薇明知道孩子不是丈夫亲生的而不告诉丈夫，双方一起抚养孩子，这种行为实际上是一种欺诈的行为，女方具有主观上的过错，这种行为也叫作欺诈性抚养。

宋薇违反夫妻相互忠实的义务，其隐瞒真相的行为使男方为了孩子的成长付出了财力、精力和感情，对郝恒造成了损害。作为无过错方，郝恒起诉离婚时，法院会按照照顾无过错方权益的原则判决。同时，根据《民法典》第一千零九十一条规定，郝恒亦有权向宋薇主张损害赔偿，并且要求宋薇返还此前抚养孩子的费用。

普法小知识

孩子均非亲生，诉讼离婚时法院会怎么判？

（1）讨论这个问题时涉及一个非常重要的概念——欺诈性抚养，是指在婚姻关系存续期间乃至离婚以后，妻子明知其在婚姻关系存续期间所生子女系非婚生子女，而采取欺诈手段，称其为丈夫的亲生子女，使丈夫承担该子女的抚养义务。

（2）妻子是否需要向丈夫返还抚养费？

妻子这种行为已经侵权，被侵权的丈夫可以要求赔偿，但是只限于民事赔偿，例如对丈夫受到的精神损害、财产损失做出赔偿，返还用于给小孩的教育、医疗等费用。另外，如果孩子的血缘上的父亲也明知的话，属于共同侵权人，也应当和女方一起承担损害赔偿责任。

72 把孩子送给别人收养时，
收取报酬，违法吗？

周建成和林玲夫妻二人患有不孕不育症，却又非常喜欢孩子，于是决定在 30 岁这年收养一个孩子。

三表姑听说二人想收养孩子，便一个劲儿地撮合他们去看看她侄儿小王家里的孩子，说是侄儿家生了好几个孩子，正愁不好养活呢，如果他们夫妻二人看得上，那就真是积德行善了。

夫妻到小王家后发现，小王家可算得上是家徒四壁，家里一共有 6 个孩子，最小的是个男孩，被孩子妈妈抱在怀里吃奶，其余的都是女孩，最小的两个才刚会走路，跟跟跄跄的，走两步就摔一下，父母全然当作没看见。

周建成夫妻说明来意后，小王立刻来了精神，说除了最小的男孩都可以给夫妻二人收养，并表示要带走孩子可以，但是得给钱，作为他媳妇生养孩子的补贴。

周建成夫妻听完脸色有些不好，他们是来收养的，又不是来买卖孩子的，两人商量了一下，表示还是考虑两天再做决定。

《民法典》第一千零四十四条

收养应当遵循最有利于被收养人的原则，保障被收养人和收养人的合法权益。禁止借收养名义买卖未成年人。

《刑法》第二百四十条

拐卖妇女、儿童的，处五年以上十年以下有期徒刑，并处罚金；有下列情形之一的，处十年以上有期徒刑或者无期徒刑，并处罚金或者没收财产；情节特别严重的，处死刑，并处没收财产：

（一）拐卖妇女、儿童集团的首要分子；

（二）拐卖妇女、儿童三人以上的；

（三）奸淫被拐卖的妇女的；

（四）诱骗、强迫被拐卖的妇女卖淫或者将被拐卖的妇女卖给他人迫使其卖淫的；

（五）以出卖为目的，使用暴力、胁迫或者麻醉方法绑架妇女、儿童的；

（六）以出卖为目的，偷盗婴幼儿的；

（七）造成被拐卖的妇女、儿童或者其亲属重伤、死亡或者其他严重后果的；

（八）将妇女、儿童卖往境外的。

拐卖妇女、儿童是指以出卖为目的，有拐骗、绑架、收买、贩卖、接送、中转妇女、儿童的行为之一的。

《刑法》第二百四十一条

收买被拐卖的妇女、儿童的，处三年以下有期徒刑、拘役或者管制。

收买被拐卖的妇女，强行与其发生性关系的，依照本法第二百三十六条的规定定罪处罚。

收买被拐卖的妇女、儿童，非法剥夺、限制其人身自由或者有伤害、侮辱等犯罪行为的，依照本法的有关规定定罪处罚。

收买被拐卖的妇女、儿童，并有第二款、第三款规定的犯罪行为的，依照数罪并罚的规定处罚。

收买被拐卖的妇女、儿童又出卖的，依照本法第二百四十条的规定定罪处罚。

收买被拐卖的妇女、儿童，对被买儿童没有虐待行为，不阻碍对其进行解救的，可以从轻处罚；按照被买妇女的意愿，不阻碍其返回原居住地的，可以从轻或者减轻处罚。

《民法典》第一千零四十四条规定，收养过程中禁止借收养的名义买卖孩子。

小王作为送养人向收养人收取所谓的"生养孩子的补贴"，实际上就是在卖孩子，构成《刑法》相关条款规定的拐卖儿童的行为，不仅违法，而且已经涉及犯罪。如果周建成夫妇真的听从小王的要求，给出这一笔"补贴"后带走孩子，则构成同犯。

在考虑的过程中，夫妻二人还是不放心，于是专门咨询了笔者，得知这一行为是法律禁止，甚至牵涉拐卖儿童，夫妻俩吓得脸色惨白，心有余悸。

最终，夫妻二人按照合法程序，在孤儿院领养回了一个孩子。

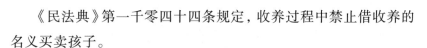

普法小知识

孩子在被收养时，送养人收取一定的财物违法吗？

讨论这个问题，首先要明确"收养"行为的准则，即界定"收养行为"和"拐卖儿童"的区别，关键在于送养人是否具有"非法获利"的目的。这需要综合考虑将子女"送"人的背景、原因、有无收取钱财、收取钱财的多少、对方是否具有抚养目的、有无抚养能力等事实，来判断、认定。如果送养人是因为经济条件有限，收取少量的、合理的营养费，并由收养人办理收养手续，那么，送养人收取一定财物的行为不违法。

我国《刑法》关于拐卖的定义是"以出卖为目的，有拐骗、绑架、收买、贩卖、接送、中转妇女、儿童的行为"，也就是说只要送养人有意用孩子换取钱财的，都可以算作拐卖行为。相对的，收买被拐卖的儿童，也有可能被判处三年以下的有期徒刑、拘役或者管制。

73 协议约定断绝父女关系，有效吗？

陆琪是个不婚主义者，父亲经常为此与她爆发激烈的争吵。

今年年底陆琪就要 30 岁了，又一次争吵中，父亲威胁她如果明年还不嫁出去，就和她断绝父女关系。

陆琪一听父亲如此霸道的强权行为，当即被火气冲昏了头，表示断绝关系就断绝。父亲听了她的话更生气，直接把她推出了家门，无论母亲怎么劝说都没用。

陆琪看着门在自己面前砰的一声关上，擦了一把眼泪后，倔强地转身离开了。

令父母都没想到的是，两天后陆琪就回来了。父亲本以为女儿悔改了，没想到陆琪却从包里掏出一份《断绝父女关系协议》，放在他面前的茶几上，表示只要他签字，两人从此以后断绝父女关系，她今后不用父亲管，相应地，她也不会承担赡养父亲的义务。

父亲听完之后非常生气，当即拿起笔在文件上签了字，母亲想要抢走笔阻止他，却被他推到一边。

《民法典》第一千零四十五条

亲属包括配偶、血亲和姻亲。

配偶、父母、子女、兄弟姐妹、祖父母、外祖父母、孙子女、外孙子女为近亲属。

配偶、父母、子女和其他共同生活的近亲属为家庭成员。

《民法典》第一千零六十七条

父母不履行抚养义务的，未成年子女或者不能独立生活的成年子女，有要求父母给付抚养费的权利。

成年子女不履行赡养义务的，缺乏劳动能力或者生活困难的父母，有要求成年子女给付赡养费的权利。

根据《民法典》规定可知，亲属包括配偶、血亲和姻亲。亲子关系是一种血缘关系，是天生的，法律不能脱离。因此，自然血亲关系，法律上是不能解除的。只有通过实施一定的行为而形成的一种法律拟制身份关系，才可以通过一定的法律程序予以解除，如继父母子女关系和养父母子女关系。

另外，《民法典》中，还规定了父母对未成年子女有抚养义务，成年子女对父母有赡养的义务。因自然血亲关系不能断绝，所以父母对子女的抚养义务、子女对父母的赡养义务双方也必须承担。

本案中，陆琪为父亲的亲生女儿，两人为血亲关系而非拟制人身关系。

因此，陆琪和父亲签署的《断绝父女关系协议》，不具有任何法律效力，陆琪仍然对父亲具有赡养义务。

普法小知识

因亲子矛盾不可调和而协议约定断绝亲子关系，有效吗？

要讨论这个问题，首先要弄清楚亲子关系的性质——是血亲关系还是拟制关系？

如果是血亲关系，则不存在断绝亲子关系这一说法。亲生父母和子女的关系，是基于血缘的事实关系，这种血缘关系自出生存在，到死亡终结，无法通过协议、登报纸或者公证等方式解除。即使双方商定签署一个协议，断绝亲子关系，协议内容也会因为违背公序良俗而无效。

我国没有任何一部法律规定父母子女之间可以断绝亲子关系，相反，法律规定了父母子女之间具有抚养和赡养的义务，这些义务是不能以已经断绝亲子关系为由逃避的。

但如果是拟制血亲关系，子女对父母的赡养义务随着拟制关系的结束而结束，即继父母和继子女、养父母和养子女的关系可以解除，并且子女不再对父母具有赡养义务。

74 "父债"需要"子还"吗?

杨勇是独生子,在外工作多年,今年年初,父亲突发意外去世,于是杨勇与妻子急忙赶回家中处理丧事。

然而,就在这期间,父亲的好友方某突然登门拜访,称杨勇的父亲生前找自己借了 100 万元做生意,并拿出了转账流水和杨勇父亲签的借据,坚决要求杨勇替父亲偿还这笔欠款的本金和利息。

杨勇作为一个孝子,打算帮父亲还债。但是,在与妻子沟通时,妻子却认为公公的债务与杨勇没关系,当初借钱的是公公,公公死后债务自然失效,没有道理"父债子还"。而且,公公留下的遗产只有 10 万元现金,杨勇夫妻二人也只是普通打工族,根本没钱可以还,因此坚决不同意替父还债。

方某见杨勇夫妻态度如此,将杨勇告上了法庭。

《民法典》第一千一百五十九条

分割遗产，应当清偿被继承人依法应当缴纳的税款和债务；但是，应当为缺乏劳动能力又没有生活来源的继承人保留必要的遗产。

《民法典》第一千一百六十一条

继承人以所得遗产实际价值为限清偿被继承人依法应当缴纳的税款和债务。超过遗产实际价值部分，继承人自愿偿还的不在此限。

继承人放弃继承的，对被继承人依法应当缴纳的税款和债务可以不负清偿责任。

根据前述法律规定可知，分割遗产，应当清偿被继承人的税款和债务。这是《民法典》中对被继承人税款、债务优先性的原则性规定。

在本案中，杨勇作为其父亲的法定继承人，若继承其父亲留下的遗产，则需要优先清偿父亲欠下的债务。但根据《民法典》

第一千一百六十一条第一款"继承人以所得遗产实际价值为限清偿被继承人依法应当缴纳的税款和债务"的规定，如果杨勇继承父亲留下的 10 万元遗产，那么，杨勇就需要把这 10 万元用来偿还父亲的债务，剩余的借款本金和利息就可以不用还了。如果杨勇放弃继承其父亲留下的遗产，那么杨勇便不用偿还父亲留下的债务。

经再三考虑，杨勇决定放弃继承父亲留下的现金。

法院认为，根据遗产继承和债务偿还相统一的原则，杨勇放弃遗产继承的同时也就放弃了承担债务的责任，因此杨勇不需要偿还父亲的债务。最终，法院判定，杨勇不用"替父还债"，但应当协助方某，将父亲银行账户中的 10 万元存款用以还债。

普法小知识

"父债"需要"子还"吗？我们需要知道，在法律上，父母与子女都是独立的民事主体，父母对外发生民事关系所欠债务，应当由其自行偿还，也就是说，子女原则上无需对父母的负债承担清偿责任，父母所负的债务不需要子女来偿还。当父母对债权人欠债时，应当以父母的自有财产进行清偿，子女没有代父母还债的法律义务。

对于父母已经去世而所欠债务还未清偿完毕的，债权人只能以父母生前所有的、遗留下来的财产，来清偿债务。也就是说，子女只在继承所得的财产范围内对父母所欠债务负清偿义务，超出继承范围的债务，子女可以拒绝清偿。除非子女自愿代父母清偿债务，否则债权人无权要求子女代为偿还。

在子女对有债务的遗产进行继承的过程中，关于遗产债务的清偿，则需要遵循以下原则：

（1）限定财产范围原则，即对于负债超过遗产价值的部分，继承人不必清偿。自愿清偿除外。

（2）特留份原则，即对继承人中缺乏劳动能力又没有生活来源的人，即使遗产不足以清偿债务，也应当为其保留适当的遗产份额。

（3）清偿债务、税款优先于继承，即在被继承人有债务、税款的情况下，应当优先用遗产清偿，留有余额的才能分割继承。

75 儿媳离婚后，
能嫁给公公吗？

　　老吴家最近发生了一件大事。吴泽和妻子黄丽离婚两个月后，黄丽却突然和吴泽的父亲老吴手挽手一起回来了，还告诉吴泽，他们二人正准备结婚。

　　这消息对于吴泽来说可不亚于一道晴天霹雳，他呆了好一会儿，缓过神来之后立即表示反对。

　　然而，没想到父亲与前妻铁了心要结婚，还表示只要两人是真心相爱的，不必在意外面的流言蜚语。

　　吴泽一听这话彻底怒了，与老吴差点动起手来，两父子当天闹得不欢而散。

　　在一家人的反对声中，黄丽与老吴还是前往民政局要求登记结婚。

　　而在知道两人情况后，民政局以违背公序良俗为由拒绝了两人的结婚登记要求。

　　一气之下，黄丽与老吴将民政局告上了法庭。

> 《民法典》第八条
>
> 民事主体从事民事活动，不得违反法律，不得违背公序良俗。
>
> 《民法典》第一千零四十七条
>
> 结婚年龄，男不得早于二十二周岁，女不得早于二十周岁。
>
> 《民法典》第一千零四十八条
>
> 直系血亲或者三代以内的旁系血亲禁止结婚。

我国《民法典》明确规定，直系血亲或者三代以内的旁系血亲禁止结婚。然而，对姻亲结婚却没有禁止性规定。

在审理过程中，黄丽也表示，自己与老吴并无血缘关系，孤男寡女，结婚并不违法，凭什么不能登记结婚？

对此情况，法院认为，黄丽与其公公老吴属于姻亲关系，且她在与丈夫吴泽离婚后，与老吴的姻亲关系也随之消失，此时两人如要结婚，并不违反《民法典》中有关结婚年龄及结婚登记的相关法律规定。

然而，我国《民法典》第八条规定，民事主体从事民事活动不得违反公序良俗，儿媳与公公结婚本身就是对公序良俗的冲击和挑战。尽管法律并不禁止这一行为，但两人如若结婚，也不会得到法理支持。

最终，法院以黄丽与其前公公老吴结婚不符合公序良俗为由，认定他们不具备结婚条件，驳回了他们的诉讼请求。

普法小知识

儿媳离婚后能不能嫁给公公？对于这个问题，我们要知道：

从法律层面来看，根据我国当前《民法典》规定，在现实中符合结婚登记的条件，即双方自愿，双方都达到了法定的结婚年龄，并且没有禁止结婚的情形，那么两个正常的民事行为人结婚并不违法。

从道德层面来看，乍一看儿媳嫁给公公没有任何问题，但媳妇嫁给公公是对我国公序良俗带来的极大冲击和挑战，有悖于社会伦理道德和风俗习惯。

因此，儿媳离婚后可以与公公结婚，这在法律上不违法，但是却有悖于社会伦理道德和风俗习惯。我国是一个法治社会，也是一个文明大国。我们要明白，道德与法律是相辅相成的。道德是法律的基础，法律是道德的底线。在生活中，我们既要尊崇道德，也要遵纪守法，做一个文明、守法的良好公民。